Patricio Ortebon

Febrero/17/16

Perseverando
Al
Proximo Nivel

2º Round

EL
PODER
DE LA
LUZ

WILSON SANTOS

El poder de la luz
por Wilson Santos

ISBN: 978-1-942991-18-2

Publicado por
Editorial RENUEVO

Índice

Introducción

Las palabras son como un salvavidas, que cuando alguien se está ahogando tú se lo lanzas y la persona tiene la oportunidad de aferrarse a él o de morir. Cuando entramos en dimensiones donde no hay vida, el reino allí es el de la muerte. Hay muchas dimensiones que carecen de vida y que las personas entran muchas veces sin saber, trayendo sobre sí y los suyos destrucción a sus generaciones. Generaciones apagadas y sin propósito que deberían tener vida. Todo se apaga donde se muere la esperanza. La desesperación es un vacío interno de luz. Cuando hay luz se va el desaliento, porque éste es parte de la oscuridad de conciencia. La conciencia puede ser elevada a otra dimensión y recuperar el estado original.

Cuando las personas entran a estados de oscuridad, se les hace imposible ver la luz. Porque es imposible que lo que una vez cayó sea otra vez restituido para mejor vida. Los que tienen la promesa y la abrazan pueden sentarse en lugares altos. En esos lugares los hombres comunes no pueden alcanzarte ni destruirte. Como dice la canción:

«Vuela arriba, vuela alto;
No seas gaviota en el mar.
La gente tira a matar
Cuando volamos muy bajo.»

En los lugares altos no sólo estamos exentos de la envidia, los hechizos, los conjuros, los mal de ojos y la brujería, sino también de ser víctima de los males, retos y problemas que a diario presenciamos y se nos presentan en este mundo con tantos reveses.

Despertar significa: «Conocer la verdad», y ésta es parte de un mundo de luz e iluminación. Las religiones, la política, los centros de educación y los sistemas terrenales están hechos para mantener a las personas en un mundo de inmensas tinieblas. Muy pocas personas quieren tu liberación y debes saber quienes son, así como debes aprender a identificar aquellos que desean que no salgas de la ignorancia. Es fácil esclavizar al ignorante, esta es la razón por la que los poderes de este mundo se unieron en contra de la verdad. La verdad te hace libre. Solo los que llevan la conciencia a esa verdad pueden escapar de la trampa, salir de la ignorancia y elevarse a lugares celestiales. Estos son los únicos que pueden salvar al mundo de toda energía negativa, de toda influencia maligna.

Sin conocimiento, no vivo. Sin entendimiento, yo no existo y sin amor, yo no soy. Solo creo que lo hago. Este conocimiento trasciende al de cualquier centro de educación. Son los secretos que han empleado los grandes hombres de la historia. La frecuencia se eleva por el poder de la mente y el poder del hombre comienza en sus pensamientos. Para elevar la frecuencia de los pensamientos debemos pensar en lo puro, lo bueno, lo necesario, y lo que es de buen nombre. Debemos ser santos y humildes de corazón. Todo proviene de una fuente, de ésta partimos y a ella vamos. Las personas no necesitan la respuesta a todo, solo necesitan entrar a la fuente y adquirir el conocimiento del gran Yo Soy. Él te dirá de dónde vienes, a dónde vas y quién eres realmente, pues el gran Yo Soy vive en ti.

El hombre nació con pensamientos perfectos, pero estos fueron contaminados. Esto hizo que el hombre dejara de vivir en el mundo de la fe, para vivir en el de la razón. La razón es lo que usa el hombre que no puede creer. Muchas personas al decir esa frase me dicen: «Pero Wilson, ¿no es la razón lo que usan los científicos para incursionar en la ciencia?» No, ellos creen que es la razón, pero en realidad es la fe. Como seres pensantes debemos usar la razón, pero después de la fe. Es éste el único camino para llegar a los lugares desconocidos y al mundo desconocido. El primero que hizo cualquier avance científico, llámese como se llamare, tuvo que creer que de lo que no se veía llegaría a lo que se vería.

El hombre que pierde el orden, pierde también el propósito de las cosas. El Eterno puso todo bajo el orden, porque este poder le da al universo la facultad de autocrearse o evolucionar. El mismo principio se aplica para ti y para todo lo que esté bajo tu dominio. El dominio del hombre comienza en su interior, con los pensamientos; estos son de nuestro control absoluto. La luz está por todos lados y su principal manifestación es el amor. Cuando se pierde el amor, se pierde el significado de la vida y con ésta la capacidad de soñar. Todos nacimos para la grandeza, para iluminar. Ninguna vida es más importante que otra, y solo a través del tiempo podemos ver el gran propósito. No menosprecies al pequeñito que está a tu lado, pues él es un ser cargado de luz y propósito. El propósito es único para todos, dale tiempo al que está a tu lado; anímalo, enséñale su potencial y verás su luz brillar muy pronto.

Pasé mucho tiempo pensando si debía publicar este libro o no. Los conceptos expresados no son muy comunes, aunque podrían verse por aquí y por allá unos y otros conceptos parecidos. Yo soy de los que creen que nada es nuevo, que todo viene de una fuente, que el conocimiento está solo escondido y que es nuestro deber salir a encontrarlo. Un ejemplo son los que buscan minerales. Ellos buscan en lugares donde no parece haber nada. Una vez conocí a un señor que iba a las orillas de los ríos a buscar oro; para mí, el oro sólo se podía encontrar en las minas pero no en los ríos.

En la historia de la Conquista se cuenta que los aborígenes recogían el oro del río. Cuando Colón llegó a América, los pobladores usaban el oro. Este no tenía ningún valor superior a cualquier otro metal. De hecho, los españoles pronto se dieron cuenta de su ignorancia y comenzaron a cambiar espejos por oro. Para los nativos, el espejo era más valioso que el oro.

El conocimiento es el punto inicial de todo hombre y mujer que se prepara para la vida. Las personas tienen muchos sueños y deseos, pero mueren sin verlos. Y aunque muchos no lo hacen por falta de acción, tenacidad y deseo de trabajar, otros no lo hacen porque carecen de conocimiento.

Todo el que emprende una empresa que no funciona es porque no se preparó para hacerlo. El hombre no tiene fracaso, tiene ignorancia. El único poder en contra de la ignorancia es el conocimiento. Nadie logra nada si no tiene el conocimiento para hacerlo. El poder de la luz radica en que todo lo que el conocimiento toca está bajo una verdad, y esa verdad te libertará.

Capítulo 1

El principio es la luz

El principio del Universo y de la Humanidad ha quedado expresado en diferentes postulaciones, las cuales son parte de las creencias del hombre; pero ninguna de éstas han podido ser probadas en un laboratorio. En este capítulo voy a mencionar dos de las más destacadas, la teoría del Big Bang y la aseveración de la Creación. La primera afirma que todo comenzó con una explosión del tamaño de un grano de arroz. ¿Explosión de qué? No podría ser de una materia, porque solo había energía y no materia. No era de una estrella, ya que ninguna existía. En ese tiempo sólo había energía, y ya sabemos que de la energía sacamos la luz. La teoría dice que la explosión fue por el choque de unos protones, los cuales produjeron al explotar, una luz singular. Según esta explicación, algo ocurrió en la oscuridad que dio lugar a una explosión singular y que fue creciendo hasta crear millones de galaxias, planetas, sistemas solares y estrellas. En esta teoría hay una verdad: la luz fue tomando espacio y haciendo un universo extenso. La teoría del Big Bang dice que todo estaba junto y desordenado; pero cuando vino la explosión, la luz resplandeció y comenzó la expansión del universo que hoy conocemos, y quién sabe si de algún otro que no sabemos.

Todo vino de un espacio vacío, mejor dicho de una dimensión desconocida. El científico Albert Einstein fue el primero en reconocer que lo que llamamos espacio vacío no es la nada, sino lo que no entendemos. Un gran astrofísico llamado Edward Kolb, dijo: «El 95% de la realidad es invisible». Aun sabiendo esto, muchos de los que sólo hablan de evolución y niegan cualquier verdad de un Ser Superior, tildan a la fe como un instrumento para personas ignorantes.

Sin embargo, todo lo que vemos y usamos se originó en la fe de alguien. Si el 95% de lo que hay en el universo no puede ser visto, significa que hasta los que niegan la existencia de un Creador son sostenido por el poder de la fe, ya que sin ésta no podrían continuar con sus creencias y experimentos. Esto hace que yo diga que hay una luz de fe en todo lo que es descubierto y creado. Es un poder primario para hacer que existan todas las demás leyes del universo. La luz es esperanza. Es fe, poder, regocijo, aceptación, transformación y cambio. Es la fuerza que nos lleva al propósito. Es de esta fuerza que le estaré hablando, y de cómo fue la luz la que le dio lugar a todo y que sigue siendo el centro de todo.

La luz es el origen de todo lo existente

El relato de la Creación afirma que en el principio, «la tierra estaba desordenada y vacía», que «las tinieblas estaban sobre la faz del abismo», y que «el Espíritu de Dios se movía sobre la faz de las aguas». Y dijo Dios: «Sea la luz, y fue la luz». La teoría del Big Bang habla de un origen que comenzó hace más de 300 mil millones de años, mientras que el relato de Moisés comienza diciendo: «En el principio creo Dios los cielos y la tierra. Y la tierra estaba desordenada y vacía…».

Imagínate que estás leyendo este texto sin versículos en orden, ya que estos no fueron puestos por Moisés; y también imagínate que el autor no quiere dar un orden preciso de cómo ocurrió todo, sino sólo redactar lo que pasó. Entonces estaría el autor diciendo que en un principio de hace miles de millones de años, Dios creó los cielos y la tierra y que antes de Él comenzar todo estaba desordenada y vacía, pues no había expansión ni luz, sólo oscuridad. Entonces Dios, quien es el único que existía antes de la Creación, dijo: «Sea la luz». Los científicos dicen que a medida que la luz se extiende, el universo se expande. Yo creo que en el Génesis está la revelación de dos principios: El principio de la tierra y la creación de Adán y Eva, que tienen un espacio de tiempo de 9 a 10 mil años.

El primer principio comenzó hace miles de millones de años. Quizás tú digas: «Wilson, ¿de dónde sacas eso?» De la lógica de la Creación y la ciencia. Porque quienes creemos en la Creación, creemos que Dios es infinito, existió antes de todo y diseñó todo cuanto existe; entonces, no podemos cerrarnos y creer que un ser infinito comenzó una creación hace 6 o 7 mil años.

El segundo principio contradice la creencia que un universo tan grande fue creado junto con este diminuto planeta. Creer esto es tener una mentalidad muy radicalista. Si Dios es tan poderoso como creemos que lo es, ¿por qué se pasaría una eternidad haciendo nada? ¿Esperando el momento de crear este mundo? El último razonamiento que hago sobre la Creación de Dios es que un ser tan grande, con un universo tan extenso, no crearía solo un planeta habitable. Hay muchos otros mundos más y éste es solo uno de ellos. Creo que la Creación se sigue extendiendo en el Universo y no se detendrá jamás. Esto no contradice la fe de nadie, pero si las tradiciones de muchos. Uno de los grandes problemas de las personas que se llaman «creyentes», es que viven por tradiciones y quieren ignorar la realidad y las leyes que Dios diseñó junto con la existencia del Universo.

Por más de 1.500 años se mató a todo aquel que quiso traer luz sobre el inicio de la humanidad, acusándolo de hereje y satanizándolo. Pero hemos descubierto por la historia misma, que la mayoría de estos hombres que murieron tenían razón. Esta masacre afectó todo tipo de conocimiento. Hasta Jesús sufrió el poder de las tradiciones, porque fueron los religiosos de su tiempo quienes endiosaron las tradiciones y quienes le dieron muerte.

> *Hasta Jesús sufrió el poder de las tradiciones, porque fueron los religiosos de su tiempo quienes endiosaron las tradiciones y quienes le dieron muerte.*

Este flagelo de ignorancia y tradición religiosa le dio lugar a Karl Marx para decir en 1844, en una conferencia en Alemania: «La religión es el opio de los pueblos». La diferencia de los argumentos científicos y la fe en cuanto a la Creación es que estos ven todo desde una óptica de laboratorio. Ellos hablan de partículas de materia que se crean o desarrollan lentamente. Nosotros vemos todo desde la óptica de la fe, y creemos que toda partícula, todo planeta, todo ser vivo, materia, energía y sustancia tienen su origen en el Dios infinito. Él dijo, y fue hecho; Él mandó, y existió.

Para mí, el relato de la Creación y la teoría del Big Bang son similares. La diferencia entre ambos es que la postulación creacionista fue hecha por un hombre que vivió hace miles de años, y cuyo único objetivo fue darnos conocimiento del origen de la humanidad a través de Dios; y la otra teoría está basada en hombres modernos y de ciencia que creen que todo fue surgiendo poco a poco a través del tiempo. Ellos hablan de la ciencia y buscan la explicación del origen de la humanidad en ésta. El primero habla de la revelación y no le importa la ciencia ni tenía conocimiento de ésta, sólo tenía revelaciones divinas y trataba de dar algunas explicaciones escritas y esenciales sobre la existencia del hombre.

Yo tengo mis creencias sobre la revelación, a la que le tengo respecto y fe, pero no dejo de creer en la ciencia, porque ambas son revelaciones de Dios. El mismo Dios que se revela en la Biblia es el mismo que se revela en la ciencia, pues todo conocimiento viene de «Él y para Él».

Mi punto aquí es que no importa el relato que tú decidas creer, ya que tendrás que aceptar que ambos comienzan afirmando que todo lo que existe tuvo su inicio en la expansión de la luz, que dio origen al principio.

La revelación y la ciencia

La revelación es el principio de toda ciencia. Es posible que Moisés hubiese podido comprobar su hipótesis si hubiera tenido algún laboratorio. Esta es la razón por la que digo que la revelación es el inicio de la ciencia, porque el conocimiento no nos pertenece.

Cada conocimiento es una revelación sobrenatural de una mente maestra que lo controla todo. Todo lo que se ha llevado al laboratorio nace de una hipótesis, y la mayoría de las hipótesis vienen de la mente del Eterno.

¿Y qué es la hipótesis? Es el pensamiento de alguien sobre algo oculto que podría convertirse en una realidad. No hay hipótesis sin revelación, ya que la hipótesis es la formulación de una teoría que solo es creída por el que la acepta y la cree en su interior. Ésta sólo es verdad para el que la cree y nunca será comprobada sin la ayuda de muchos experimentos de laboratorio.

El Big Bang es una teoría y no está comprobada en un laboratorio. La Creación similar en el sentido que, para aceptar cualquiera de las dos se necesita creerlas y lo que me sorprende es que ambas comienzan hablando de la luz.

La segunda razón por la que digo que en toda teoría hay una revelación y que hay una relación entre ambas postulaciones mencionadas, es porque las dos dicen que la luz le dio origen a todo. La luz es el principio de todas las cosas y ésta hace que el hombre siga viviendo. Los que saben que son hijos de luz no hablan como los que no tienen horizonte, sino sabiendo que tiene el poder de hacer cambios en el mundo. «Yo soy la luz del mundo; el que me sigue, no andará en tinieblas, sino que tendrá la luz de la vida.» Este pensamiento señala la identidad de lo que representa el ser consciente y de aquello que una persona entiende que su identidad puede significar para los demás.

Una teoría es una luz

Cierto día estaba parado frente a mi ventana, llorando la pena de haber perdido todo y de haber quedado en bancarrota. Lo último que esperaba era que el Marshall viniera, rompiera la puerta y se llevara todo dejando a mi familia en la calle. Mientras lloraba y veía la lluvia de un frío invierno caer, vino la luz a mi interior y me dijo: «¡Y por qué no comienzas a escribir un libro, pero uno que le dé esperanza a la gente! Un libro que hable de las bondades de Dios. Esto podría cambiar tu situación.»

Inmediatamente pensé: «¿Y a quién se lo voy a vender?» Cuando traje el pensamiento negativo, me invadió las tinieblas y al ser cubierto por ellas quise rechazar la luz. Cada vez que a tu interior llega un pensamiento negativo, tú estás siendo arrastrado hacia las tinieblas.

> *Cada vez que a tu interior llega un pensamiento negativo, tú estás siendo arrastrado hacia las tinieblas.*

Yo reaccioné sacando ese pensamiento y volviendo a la luz; alineé mis pensamiento en mi interior y me dije a mí mismo: «¿Por qué no? Al final, no tengo nada que perder y tengo todo por ganar.»

Inmediatamente comencé a escribir y de ese pensamiento salió mi primer libro, el cual fue un éxito de ventas. Cuando surgió la idea de escribir el libro, sólo era una idea, pero se convirtió en una realidad cuando tuve la fe de creer en ello.

Nada comienza con una creación de fortuna, objeto o invento. Todo nace de una idea que se convierte en teoría, y cada teoría necesita fe para ser probada. Pero nunca habrá fe a menos que haya una visión.

La luz siempre tendrá poder sobre las tinieblas

Una señora se me acercó mientras dictaba una serie de conferencias en Utah. Ella me dijo que estando a solo tres días de divorciarse de su esposo, después de escuchar las conferencias, decidió detener el divorcio.

¿Por qué cuando comencé este párrafo lo hice con esta historia? Porque ésta se aplica muy bien a lo que quiero enseñar: que la luz tiene poder sobre todo. Más adelante te estaré hablando sobre el poder de las palabras, pero por ahora lo que quiero que sepas es que éstas son luz.

Cuando ella escuchó mis palabras de esperanza y ánimo, comenzó a crear algo que ella daba por muerto. ¿Cómo pasó esto? La verdad es que todo se puede rehacer cuando se puede creer. La fe es una fuente de iluminación.

Aunque en el mundo en el que vivimos se dice lo contrario, esta es la verdad que te llevará a un nivel superior. Es que la cultura y el medio que nos dirige, acompañado por el espíritu religioso, quienes nos han enseñado que todo en la vida llega con mucho esfuerzo, dolor y trabajo arduo.

Sin embargo, eso no es verdad. Dios dejó todo al alcance de la mano, y cuando el primer hombre estuvo en la Tierra no tuvo carencia de nada, todo estaba disponible, todo lo encontró hecho y para él. De hecho, el relato sobre Adán y Eva en el paraíso dice que no había necesidad de nada y que ellos no necesitaban afanarse por nada. Su único trabajo era mantenerse pegado a la fuente infinita, la cual estaba representada por un árbol llamado: «Árbol de la vida». Éste era la fuente de la eternidad.

La eternidad siempre ha sido un plan maestro para el hombre. El Creador de todo no quería que el hombre tuviese carencia, y Su plan era que éste estuviera suplido en todo y viviera por la eternidad. Esta era la ciencia de la vida, pero el hombre optó por otra ciencia: «La ciencia del bien y el mal».

Si tú analizas bien esto, veraz que en la primera ciencia sólo estaba la vida; mientras que en la otra paralela a la misma, estaba el bien y el mal. El hombre, al elegir la ciencia del bien y el mal, escogió luz y tinieblas, vida y muerte, riquezas y pobreza, salud y enfermedad. Esto es en lo natural (árbol), pero en lo espiritual (ciencia): vida o muerte, fe o temor, valor o cobardía, lealtad o deslealtad, intranquilidad o paz. Hoy todo esto son elecciones, pero el Eterno siempre lo hizo para que fuera así, con la diferencia de que la primera pareja nació en cuna de oro y eligió vivir en el lodo.

En el principio, la elección fue el fango y no el oro; pero ahora la elección es el oro, porque nacemos en el lodo. En el principio, Dios hizo todo bueno en gran manera. Éste es su corazón y es un principio que nos llevará a una existencia distinta. Saber que fuimos creados para vivir en la luz, y que ésta es el origen de todo lo bueno, nos da poder sobre las tinieblas.

La luz resplandece

Un amigo me contó una experiencia ocurrida en uno de sus viajes. Me dijo:

«Viajé un fin de semana hacia Oregón para dar una serie de seminarios. Cuando bajé del avión y me disponía a tomar las maletas, vi a una muchacha que me miraba con mucha curiosidad. Al principio hice como que no la había visto, pero unos minutos después ella se me acercó y me dijo:

—¿A qué te dedicas? Veo que vienes muy bien vestido y

eso no es muy común. ¿Eres político o algo por el estilo?

—No —le dije—, soy motivador y conferencista.

—Uh, eso me huele a religioso —me contestó.

—¿Tienes problemas con los religiosos?

—Si —prosiguió—, porque son hipócritas y juzgan a las personas de manera muy fea.

Yo sabía que lamentablemente esta joven no estaba lejos de la realidad. Las personas que se etiquetan con religiones tienden a juzgar a las personas de manera muy poco humanitaria, y aunque sé que eso no es una regla generalizada, también sé que cuando las personas tienen conceptos generales negativos de una creencia, nación, raza o partido político están sangrando por alguna herida personal o están viviendo algún tipo de ignorancia.

La miré fijamente, y le dije:

—Aunque mi creencia es cristiana, no me considero religioso y no me gusta juzgar a otros.

—Eso dicen todos, pero si te dijera lo que yo hago

cambiarías de idea.

—¿Qué haces? —le pregunté.

—Soy prostituta, a eso me dedico.

—Respecto a lo que haces, no tengo derecho a juzgarte, le dije. A lo que ella agregó:

—¿Lo dice solo para hacerme sentir bien o simplemente para probar tu teoría de que no juzgas a nadie? Pero si tú eres lo que dices ser, contéstame esta pregunta: '¿Te acostarías conmigo?'

—No —le conteste.

—Ves —me dijo—, me ves inferior o de mala vida. Esta simplemente es la verdad y no hay otra forma de explicarla.

Entonces la volví a ver detenidamente e inmediatamente le dije:

—El hecho de que no me vaya a la habitación de un hotel para tener sexo contigo no significa que te vea inferior, sino todo lo contrario: te veo superior a lo que tú te puedes ver. Sé que no haces esto por deporte o porque es el único camino que tienes para ganar dinero, sino porque no sabes que puedes tener algo mejor. Hay muchas cosas para vender, y no tiene que ser tu cuerpo. Si supiera quién eres, entonces no te venderías a nadie.

—¿Y quién soy? me dijo mirándome con unos ojos atrevidos.

—Alguien que es capaz de ser feliz en el momento que se lo proponga; capaz de vivir la mejor vida y de hacer cambios. Un ser lleno de luz, con propósitos eternos y superiores. Una reina hecha sólo para reinar.

Ella sacudió la cabeza un poco sorprendida y agregó:

—Cuando era tonta creía en todas esas historias, que iba a encontrar a un buen hombre; que estudiaría, me graduaría y tendría una linda profesión; que me casaría vestida de blanco y que mis hijos tomarían ese camino. Hasta que vi la realidad de que el mundo es cruel y que la vida no es fácil; que el hombre ideal nunca llegará, al contrario mi primera experiencia amorosa con un hombre fue con alguien que no escuchó que le decía: No, y como una bestia salvaje quitó mi ropa dejándome un profundo dolor y una sombra negra en medio del pecho que parece que nunca se borrará.

Entonces fue cuando desperté de mi tonto sueño y me ajusté a la realidad. La de un mundo que es para algunos y donde los pobres siempre seremos más pobres y más maltratados. Nadie nos hace justicia, y a nadie le importamos. Yo, por ejemplo, no le importé ni a mis padres. La verdad es que ni la motivación que tú das ni ninguna otra teoría de superación del hombre pueden borrar esa realidad. Hay más gente triste, que alegre; más injusta, que justa; más avara, que dadivosa.»

Querido lector, la verdad es que el mundo está lleno de personas como esta joven, que no saben su valor. Personas que dejan que las cosas amargas de la vida las arruinen y les quiten el poder de ver la luz. No sé qué es lo que te está pasando en este momento, tampoco qué te acontecerá mañana; pero sí entiendo que el nivel más alto será el de mañana, si hoy ves luz.

Ser consciente de que somos seres provenientes de la luz nos da poder ante todo lo que está en tinieblas.

Esta mujer podía dar su cuerpo; pero yo podría darle algo superior: la luz de la esperanza, el verdadero amor, y el secreto para obtener el perdón. Esta es la diferencia. Cuando tú entiendes quién eres y sabes lo que posees, no permitirás que a tu vida llegue algo inferior a lo que eres. Mi luz la iluminó, porque pude hacer que ella entendiera que no había rechazo en mí hacia a ella, sino de aceptación y valor. Quienes nos dedicamos al liderazgo nunca podremos ayudar a la gente rechazándola o juzgándola.

Muchas veces quienes se consideran correctas confunden al mundo, porque presentan a las personas con ciertas prácticas e ideas como seres que están en el error, en lugar de resaltar las cualidades que ellos poseen.

Ser consciente de que somos seres provenientes de la luz nos da poder ante todo lo que está en tinieblas. Ese era mi punto con ella, yo sabía que ella se acercó a mí. Las mariposas siempre eligen estar cerca de la luz. Esta joven como una mariposa desorientada buscaba una luz, eso era lógico porque el lugar estaba lleno de personas. Pero yo llamé su atención, y aunque ella no sabía el porqué, yo si lo sabía. No necesitaba condenarla o decirle que su camino no era bueno, y que para personas como ella había un lugar de tormento preparado. Tan solo me limité a darle lo que tenía: palabras llenas de esperanza, de confianza, de grandeza, de poder, de misericordia y sobre todo, de cambio.

El relato de la creación dice que Dios ordenó: «Hágase la luz, y fue la luz». Y la luz reinó sobre las tinieblas, «y fue la tarde y la mañana un día». Donde se enciende una luz, desaparecen las tinieblas. No importa lo densa que éstas sean, la luz tendrá poder sobre ellas. La conversación con esta joven se extendió una media hora. Hablamos y reímos mientras esperábamos, y al despedirnos me abrazó, secó sus lágrimas y me dijo: «Gracias, éste fue mi mejor día en mucho tiempo. No pensé que alguien podría hacerme tan feliz de manera tan sana.» Entonces comencé a caminar y cuando me iba me dijo: «Ah tenía razón, lo tuyo es mejor que lo mío».

La única razón es que todo se fue expandiendo por millones de años, hasta que la luz llegó a nuestro planeta.

No era mejor porque yo tenía una teoría de cómo funcionaba el Universo o de quienes son los que van al paraíso de Dios, sino porque le di un sentido de identidad, porque en su oscuro cerebro encendí una luz y esta brilló. Ahora, cuánto permanezca brillando dependerá de ella.

La conclusión de lo que aquí digo es ésta, tanto quienes sostienen la teoría del Big Bang como nosotros los de la creación, tenemos una verdad que nos une y esta es: que la luz resplandeció en medio de las tinieblas, y que la luz dio origen a todas las cosas. Esta verdad es absoluta y no veo razón para que la ciencia y la fe se peleen. Creo que la ciencia sin fe es muerta, y la fe sin ciencia también. El mismo Santiago, uno de los hombres cercanos del maestro Jesucristo lo expresó de la siguiente manera: «La fe sin obras es muerta». La ciencia se basa en las obras, pero también en la fe; porque toda hipótesis y teoría está basada en la fe. Porque eso es la fe, la plena confianza de que aunque algo no se pueda ver en el momento, es verdad.

Esta fue la primicia para que todo lo que existe llegara a nosotros (ej.: el teléfono, el avión, la medicina, la electricidad, los viajes espaciales, etc.). Todo nos llegó por hombres y mujeres que vieron y creyeron en cosas aun no probadas, ni vistas jamás. Pero ellos, que las veían en sus visiones y sueños, las creyeron. Todo hombre que va tras la luz creerá en cosas que nadie acepta como verdaderas. Y será extraordinario, porque la luz siempre va en aumento, y un hombre que conoce este poder nunca se estancará.

El poder de la luz

Capítulo 2

La expansión de
la conciencia

Una de las teorías de la luz es que ésta se va expandiendo en el Universo de modo gradual, poco a poco, conquistando e invadiendo espacio. Tú dirás: «¿Y cómo sabe usted esto?» Es fácil deducirlo, por las investigaciones científicas y por lo que la Biblia, que es el libro que habla de la creación del linaje de Adán y Eva, también afirma.

La ciencia dice que el Universo se ha extendido por unos 13.850 millones de años. Entiendo que cuando se trata de la Creación, la ciencia tiene un problema y es que ésta mide los años del Universo a través de la ciencia cuántica y ésta basa sus estudios en los fragmentos de meteoros encontrados y en la velocidad de la luz. Pero todo esto no es exacto, ya que el hombre no tiene todas las respuestas en cuanto al asunto.

Por otra parte, si hablamos de un Dios infinito, entonces no veo ninguna contradicción entre la teoría científica de que el mundo tiene millones de años y la teoría de la creación del hombre. Lo que quiero decir es que el Universo, lo entendamos o no, se ha extendido por miles de millones de años. Y esto si puede ser probado. La otra teoría sobre la creación del Universo es la «creacionista» y es en ésta en la que voy a basar mi punto de vista en este capítulo. La Biblia dice que «la tierra estaba desordenada, oscura y vacía». Cabe aclarar que este relato no está hablando de todo el Universo, sino de este planeta. Es claro que el relato dice que antes de la ordenación de todo había una tierra envuelta en la oscuridad. Una tierra que existía por millones de años, pero sin luz, y por consiguiente no había nada en ella. Si el todo es infinito y «en el principio creó los cielos y la tierra», significa que ese principio del Universo no es el mismo principio de la existencia de vida en la tierra, porque todos sabemos que el Universo es más antiguo que la tierra. ¿Por qué?

1.- Porque la existencia del hombre en la tierra teológicamente no pasa de 6 a 10 mil años.

2.- Porque el Universo es demasiado grande para este planeta ser el único que tiene habitantes.

3.- Y esta es la razón más importante: ¿Qué hacía un Ser infinito con tiempo ilimitado, que creó todo en el principio, esperando por una eternidad para crear un pequeño planeta como éste? La única razón es que todo se fue expandiendo por millones de años, hasta que la luz llegó a nuestro planeta.

El modelo perfecto

Cuando Dios terminó de hacer todo en la tierra, finalmente creó al hombre. «Creó Dios al hombre a su imagen, a imagen de Dios lo creó, varón y hembra los creó», y le dijo: «Enseñoread y llenad la tierra, domínenla».

Hay algunos misterios aquí en lo que pocos lectores de la Biblia ponen atención:

1.- El hombre que Dios creó no fue colocado en toda la tierra, sino en un lugar especial llamado Edén, comparado a una embajada de hoy en día (traído del cielo), lo puso en un punto de la tierra como embajadores y le dijo: «Tu misión es extender este reino de luz a toda la tierra».

2.- ¿Por qué y a quién tenían que dominar, si sólo estaban ellos, y el hombre en el plan original no fue hecho para ser gobernado, sino para gobernar?

3.- ¿De qué había que llenar la tierra, de personas o de alguna otra cosa? Si tú analizas bien el capítulo 3 de Génesis, te darás cuenta que este narra que fuera del huerto había un lugar que no era tan perfecto y bueno como el huerto. En ese lugar había tinieblas y ese lugar debía ser dominado por el hombre del huerto, el cual estaba lleno de luz.

El relato dice que en el primer día se hizo la luz y en el tercer día se crearon las lumbreras en el sistema solar para iluminar el día y la noche. Lo que yo entiendo por todo eso es que la luz del primer día es algo más que una lumbrera como el sol, la luna y las estrellas.

Esa luz representa el origen de todo. Esa luz representa el inicio de todo lo creado. Esta es una fuerza que donde llega comienza a existir la conciencia de la existencia. Solo donde hay conciencia de la existencia hay luz. En un lugar puede haber un planeta, agua y animales, pero si no hay una mente consciente, una mente que pueda percibir el Universo y conectarse con la Mente universal, solo habrá tinieblas y desolación. El poder de la conciencia, de la vida, y todo lo que hay en el Universo es lo que hace al hombre una creación conectada con la luz. Fuera de este poder, todo es tinieblas. El poder de un hombre está en saber quién es, de dónde viene y lo que hace.

La ignorancia hace al hombre un ser opaco y sin brillo. Un ejemplo bien claro de lo que expreso aquí es cuando un animal dotado de un fino entrenamiento, hace que muchos se confundan y crean que puede pensar y

Las personas que están muertas, aquellos cuyos sueños se han ido, tienen la capacidad de matar a otros que están vivos.

que está consciente de su estado mental. Pero el animal no tiene mente. Tú podrías mirarlo a los ojos y pensar que éste tiene los mismos pensamientos que los tuyos; pero la realidad es que el animal no piensa, no sabe que existe y que es coexistente con el hombre en un Universo tan extenso y hermoso. Un Universo tan amplio, que los expertos dicen que su extensión geográfica es de 93 millones de años luz. Los animales no buscan la luz porque no son conscientes de la misma. Si solo los animales existieran, si solo los planetas existieran, no habría existencia verdadera. La existencia de todo tiene lugar en la creación del hombre, solo éste le da honor a su Creador porque están entrelazados.

Lo que diré a continuación va a sonar un poco difícil de digerir, pero es necesario que lo entiendas. El Universo existe porque el hombre existe. Descartes dijo: «Pienso, luego existo», aunque se cree que este es el pensamiento que le dio origen a la filosofía de la Evolución, también le da poder a la Creación. Pues sin una conciencia de lo existente, no hay creación. La evolución, cuando no se descarta al Creador, es la realidad porque todo ha evolucionado y sigue evolucionando. El hombre debe evolucionar para darle existencia a todo, aun a Dios; pues el hombre fue hecho a «su imagen y semejanza».

El propósito del Edén era ése, llenar de luz todo lugar que estaba en tinieblas, que es lo mismo que llenar de la conciencia de la existencia a toda la creación. Lo primero que existió fue la luz o una mente maestra (Dios), y luego una mente semejante (el hombre), y con esto comenzó a desaparecer las tinieblas en todo el abismo.

Me gustaba sentarme a ver una película llamada: «*The Walking Dead*». Creo que la traducción correcta en español sería: «Los muertos vivientes» pero me gusta traducirla como: «Los muertos caminando». La verdad es que no sé por qué me gustaba, pues el drama en sí era que la gente moría y luego se levantaba a comerse a los demás. Pero la persona que se levantaba de la muerte no tenía conciencia de quién era ni tenía conciencia de lo que pasaba a su alrededor. Sólo percibía una persona viva y se la comía, aunque fuera su hijo o su madre.

Aprovecho esta narración para sacar una aplicación. Las personas que están muertas, aquellos cuyos sueños se han ido, tienen la capacidad de matar a otros que están vivos. En la película los muertos se comían a su padre, madre, hermana, hijos, para ellos todos eran iguales. Ellos comían carne, pero no lo hacían bajo un nivel de conocimiento o propósito.

Esta película se adapta bien a la enseñanza de este capítulo, pues sólo el nivel de conciencia hace que las personas vivan o mueran, que las cosas existan o no. Si a alguien en la película se le muere la hija, de seguro que se levantará como un zombi. Si esta persona sabía la problemática, no se la llevaba a la casa y la alimentaba; sino que al contrario, la destruía. Porque aunque ésta caminaba y parecía viva, estaba muerta.

«La muerte caminando» es el mejor título dado a todo lo que no tiene un estado de conciencia, para todos aquellos que no saben que existen o que no reconocen su estado actual, o no están viviendo al nivel del propósito para el cual fueron creados.

Cuando la luz llega a una mente, ésta toma una razón. Cuando la luz de la existencia llega a un planeta, el planeta toma vida consciente y esta conciencia hace que haya un ser humano con una mente creadora.

Hay una parábola de un padre rico, el cual tenía dos hijos. El menor le dijo al padre: «Padre, dame la herencia que me corresponde, pues me voy de la casa». En la mente de muchas personas la herencia es algo que se reparte cuando los padres mueren, pero la realidad es que la herencia está con el padre y le toca al hijo desde que nace. Pero hemos olvidado esto, ya que el hombre consciente no quiere admitir que lejos del padre no logrará vivir el nivel maravilloso de vida que él le ofrece.

En esta parábola, el padre le dio la herencia y el hijo se fue a vivir perdidamente. Las personas que ven a las riquezas y las posesiones como un trampolín a la vida descontrolada y la usan para humillar, maltratar, destruir aun sea su propia vida, están en un estado de inconsciencia y despropósito.

Cuando había gastado todo con mujeres, drogas y vicios, comenzó a vivir con los puercos y a comerse su comida. Mira que éste no toma en cuenta que lo que está haciendo es antinatural y que la compañía con los puercos no es un lugar apropiado para vivir. Ningún hombre fue creado para vivir al nivel de un animal. Pero muchos lo han preferido así.

Cada vez que una niña es violada por su padre... Cada vez que un hombre le arranca la vida a su semejante... Cada vez que destruimos nuestro cuerpo usando sustancias tóxicas... En cada ocasión que odiamos o dejamos de extender las manos a nuestro semejante... Que usamos como escusa la desigualdad para promover el racismo... Cada vez que avergonzamos a nuestros seres queridos con una mentalidad de derrota y escasez... estamos viviendo por debajo del nivel de vida de los cerdos.

> *Cuando una persona entiende su identidad, prefiere la casa y la herencia de su padre antes que cualquier otra cosa.*

Siguiendo con el relato, un día mientras él comía con los cerdos «volvió en sí». La expresión «volvió en sí» muestra el poder que tenemos de retomar nuestro propósito. El poder que poseemos de hacer cambios y vivir la vida que el Creador preparó para que vivamos.

Conocí a una señora que había venido de la República

Dominicana a estar en una de mis conferencias de liderazgo. Ella me contó que su vida estaba en una horrible oscuridad después de la muerte de su padre. Su padre era un buen hombre, un hombre trabajador, y la manera de cómo murió no fue la más deseada ni aun para el peor de los enemigos. Ella dijo que mientras el padre trabajaba, unos ladrones fueron a su empresa y lo torturaron, lo picaron, dándole una muerte horrible.

Desde ese día ella quedó con una profunda tristeza, la cual la hacía vivir en una profunda oscuridad; lloraba todos los días, no tenía ganas de comer y había perdido el amor a todo lo que le rodeaba. A pesar de que ella tenía siete hijos, no le parecía importar. Sólo se quejaba de Dios por lo injusto que había sido al permitir tal crueldad.

Una noche no pudiendo dormir y no soportando el dolor interior se puso a hablarle a Dios. Le dijo que le revelara por qué le había pasado esto a su padre. Como siempre, habló de lo bueno que había sido su padre y de lo trabajador que era. Le resaltó que habiendo tantas personas malas en la tierra, porqué estos no morían en lugar de su papá, que no se metía con nadie.

Mientras estaba en esa lucha, le vino una voz a su interior que le dijo: «Nunca ocurre algo sin un propósito».

Entonces ella volvió en sí y se dijo: «Quizás mi papá que tanto yo lloro y sufro por él está en un lugar mejor».

Desde ese día ella tuvo paz, y esa carga y ese dolor la abandonaron. A este estado de conciencia es que yo le llamo «luz». Es el poder de salir de una mentalidad inferior para ser consciente que el Universo nos pertenece y que todo lo que llegue a nuestra vida lo entendamos o no, es para nuestro crecimiento. Esto nos ayudará a vivir un vida extraordinaria.

El joven de la parábola «volvió en sí», al igual que esta mujer. Una luz vino a él, y un estado de identidad lo inundó. Y fue en ese momento cuando se dio cuenta de que estaba viviendo por debajo de lo que era su estatus y que esa vida no le pertenecía, ya que su riqueza, comodidad y felicidad estaba al lado de su padre. De esa manera fue como pudo tomar la decisión de volver a la casa de su papá, pero antes tuvo que reaccionar sobre esto diciéndose: «Me levantaré e iré a mi padre, y le diré: "Padre, he pecado contra el cielo y contra ti. Ya no soy digno de ser llamado tu hijo; hazme como a uno de tus jornaleros".»

Cuando una persona entiende su identidad, prefiere la casa y la herencia de su padre antes que cualquier otra cosa. Muchas personas en su estado de inconsciencia maltratan todo lo que tocan y marchitan todo lo que es puesto en su mano. Su matrimonio, sus finanzas, su salud, sus amistades y el mundo que le rodea parece que está en su contra. Luchan y trabajan duro todos los días tratando de salir a flote y al contrario, se hunden más y más en una pocilga de cerdo que no le ofrece nada más que una vida de mediocridad.

En ese estado de lucha, trabajo y desecaciones optan por no creer en nadie y por pensar que Dios ya no los ama y se olvidó de ellos; que en el planeta no hay suficientes recursos para una superpoblación como la que existe, y se quitan la vida con la finalidad de terminar su calvario.

Otros al verse acorralados por los reveses y atrapados en sus errores, se conforman de que para eso nacieron: para sobrevivir, para vivir una vida de escasez que nunca superarán.

Los hombres con falta de identidad sobreviven sosteniendo una fuerte lucha, y para hacer lo que quieren sólo cuentan con lo que tienen. Como resultado caen en el engaño, la mentira, el sacrificio extremo, también en la infelicidad de ellos y de todos los que le rodean. ¿Por qué?

Porque se creyeron la mentira de que el mundo está

lleno de tinieblas y no hay nada que podamos hacer para cambiarlo. Piensan que obtener las cosas buenas es muy difícil y que sólo le resta conformarse con la idea de que perdieron toda oportunidad de crecimiento. Se autoconfinan a vivir con los cerdos, sintiendo que estos serán sus compañeros de por vida. De esta manera se olvidan de que todo su sufrimiento radica en una sola cosa: en el entendimiento de que tienen un padre que los ama con locura; un Padre lleno de luz, que los hizo herederos de un reino sobrenatural donde las cosas fueron dadas en abundancia. Pero sobre todo, un padre que tiene los brazos abiertos esperando que recuperes un estado de conciencia de quién eres, cuál es tu lugar, cuál es tu reino y tu propósito, y de esta manera puedas dejar el mundo tenebroso que te esclaviza y no te deja ir a la luz.

La parábola dice que cuando el hijo llegó, el padre le puso un vestido y un anillo de rey. Cuando estás en los brazos de la luz no puedes vivir de otra manera. Vivir como un rey es tu destino. Pero la clave no es la lucha ni el trabajo pesado; la clave no es la tacañería de aquellos que todo lo guardan para poder tener algún ahorro en el futuro, olvidándose del presente, sino el estado de conciencia de quién eres y cuál es tu lugar. Es saber que lo mereces porque tienes una herencia. Es el poder de recibir algo que ya fue preparado para ti. El poder de quedarte quieto, dejando que la luz empiece a crear un nuevo hombre en ti. Un hombre lleno de sabiduría y deseos de crecer, lleno de poder y grandeza; uno semejante al Padre quien está lleno de poder, energía sabiduría y luz.

La luz que alumbra a todo hombre

Fui formado en un ambiente religioso donde me decían que Dios era sólo para aquellos que se portaban bien, no comían cierta cosa, y se sometían a cierto estilo de vida; que Dios tenía un número de personas especiales a los que les había dado una especie de manual, el cual debían aceptar, creer y enseñar a todos los que quisieran conocer la luz y llegar a esta. Esta es la mentira de toda religión opresora.

Uno de los discípulos del maestro Jesucristo dijo: «Y esa luz verdadera que alumbra a todo hombre, vino a este mundo». La luz de Dios no se manifiesta a través de un hombre o de una institución X, sino que se manifestó a través «del varón perfecto»; y una vez restaurada la relación entre Dios y el hombre a través de éste, se manifiesta a todos los hombres.

Esto no es fácil de aceptar, pero aunque yo soy cristiano

entiendo que la luz de Dios no está esperando por los cristianos. Ella obra en todo el mundo a través de la obra del Espíritu. La luz fue dada en el principio y fue restaurada a través del Hijo. «Porque cuando venga el Consolador, el Espíritu de verdad, Él les guiará a toda verdad... y no tendrán necesidad de que nadie os enseñe.»

Hay una luz interior que guía a todo hombre que quiere ser guiado para no andar en tinieblas. Esa luz es única y verdadera. No se vende, no está secuestrada ni le pertenece a un grupo en particular. Es propia del Creador y nos la dio a nosotros como herencia. Ningún hombre, aun en los lugares más remotos de la tierra, está carente de ella y no será escusado por andar en tinieblas, por cometer crímenes, por ser un verdugo o por dañar o engañar a su semejante. Hay una luz que grita en su interior hacia lo bueno y lo justo, hacia la grandeza y la prosperidad, hacia la fortaleza y la justicia. Es una herencia de todos; pues fue dada a todos los hombres sin excepción.

Lo primero no es el cambio

En la parábola del hijo pródigo se nos dice que éste, mientras comía con los cerdos, **«volvió en sí»**. Cuando analizo este relato me doy cuenta que lo primero no es el cambio, sino la conciencia. Recuperar el estado de conciencia de quienes somos y hacia dónde vamos es la primera clave para el cambio. Lo primero es el estado de conciencia, y luego el cambio. Las personas quieren que los demás hagan los cambios que ellos han hecho, y tratan de convencer a los demás de que vivan como ellos. El método que muchos usan para esto es el maltrato, la manipulación, la ofensa, y la humillación. Este método no hará que las personas duren en el cambio u obtengan un cambio verdadero.

El otro fenómeno que se presenta es de personas que te mueven a tomar decisiones, usan sus talentos y su poder de persuasión para hacerte tomar alguna decisión, la cual es importante para ellos y que con mucha frecuencia también creen que es importante para ti.

Quiero aconsejarte que te cuides de esos momentos. La mayoría de las personas que están atrapadas en la vida no es porque son malas o indecisas, sino porque alguien las llevó por un camino que no es el de su propósito. Cuando te sientas persuadido por alguien para hacer algún cambio, no lo hagas inmediatamente. Ve a tu lugar de soledad donde acostumbras a encontrarte con tu ser interior y pregúntale qué es lo que debes hacer, para esto necesitarás estar en profunda quietud y soledad. Dios siempre habla cuando estamos en silencio. Para escuchar la voz interior es necesario que nadie te perturbe, ni aun las cosas cotidianas de la vida. Las personas no pueden tener poder interior si tienen miedo o escuchan voces que vienen de su exterior.

Cuando el mundo está en riesgo y todo lo tuyo peligra es necesario abrir los oídos internos y escuchar. Cuando lo haces, puedes salir de las tinieblas a la luz. Jesús dormía mientras la barca era azotada en medio del mar por una fuerte tormenta y cuando sus discípulos lo despertaron, el relato dice que a estos él los llamó: «hombres de poca fe» e inmediatamente se puso de pie y reprendió al viento con estas palabras: «calla y enmudece», y el viento inmediatamente cedió.

Aunque más tarde hablaré con más detalles sobre estas palabras, ahora lo que quiero resaltar es que Jesús tuvo poder sobre la tormenta porque pudo estar confiado en medio de ella. Nadie puede estar confiado en medio de algo que él no domina y a lo cual le teme.

Cuando una persona no está segura del cambio que va hacer y lo hace forzado por los consejos de otros, no llegará lejos y no se sostendrá de pie cuando venga la tormenta. En muchas ocasiones he cometido el error de hacer las cosas motivado por las palabras de alguien.

En mi interior sentía que debía esperar, que no era el momento, que debía buscar mis propias estrategias; pero otro me movió a hacerlo y esto no funcionó. La tormenta que le precede me pone en un mundo de mucha turbulencia y la duda me inunda, quitándome el poder de oír mi luz interior.

Son muchas las personas que me dicen: «Me siento perdido y no sé qué hacer. Es como si estuviera en un mundo muy turbulento y donde por más que me esfuerzo no viera la salida.»

Algunos me expresan: «No sé cómo me metí en este rollo. Nada de lo que he hecho lo hice por mi propia iniciativa, siempre hubo alguien involucrado, mi hermana, mi hermano, mis padres o algún profesor o amigo. Siempre tomo una decisión forzado por alguien para luego verme en un mundo de mucha confusión y todos los que me persuadieron están como si nada les importara, como si hubiesen tenido un plan para meterme en este laberinto para luego hacerse los inocentes.»

La verdad es que ellos no se están haciendo los inocentes, solo están pensando en sus propios problemas y desafíos. Las personas no pueden ayudarnos a tomar decisiones, porque ellos no están en nuestro interior, no conocen nuestro propósito y siempre te hablarán conforme a sus experiencias y su conocimiento.

Pero todos sabemos que en el mundo del ser consciente no hay dos caminos iguales ni dos seres humanos iguales, ni siquiera dos destinos similares. Podemos unirnos con las personas para llevar un propósito en común, pero sin olvidarnos de la individualidad y la variedad. Un río no da la misma agua dos veces; así es el hombre y su propósito, nunca repetirá una historia, nada será igual después que el tiempo pasa.

El cambio tiene poder si primero entramos a un estado de conciencia del mismo.

El cambio es algo constante lo quieras o no, pues el mundo se mueve y no se detiene. ¿Qué estoy diciendo? Que cuando te sientas tentado a hacer algo bueno, unirte a alguna visión o añadirte a cualquier grupo o iglesia, toma el tiempo necesario para pregunte: ¿Por qué? ¿Qué me está moviendo hacerlo? ¿Qué lograré o daré en ese lugar que tiene relación con mi propósito de vida? Estas preguntas siempre estarán relacionadas a tu propósito. Porque nunca el Creador de todo te moverá a algo para nada, siempre será para cumplir tu propósito.

El poder de la luz

Los discípulos le temían a la tormenta porque la experiencia les decía que su barca no resistiría a tal situación. Es posible que a sus mentes le vinieran los nombres de algunos amigos que habían muerto por una tormenta en ese lugar. Pero Jesús dormía, porque desde que tomó la barca para cruzar ese mar estaba consciente que en el camino vendría una tormenta.

El estado de conciencia y razón de una decisión te darán una expectativa consciente en todo lo que hagas y te darán poder sobre la situación. Pero la conciencia del hombre sólo le puede hablar al mismo hombre que la posee. Úsala bien y veraz que la próxima vez que te veas en un proyecto, en alguna barca azotada por los vientos contrarios de la vida, estarás más lúcido del poder que tienes sobre esta situación. El cambio tiene poder si primero entramos a un estado de conciencia del mismo. Cuando estás en el estado mental de saber que vas hacia el otro lado, la luz que posees no se apagará y dominará toda tormenta que encuentres en el camino. Esta es la diferencia entre un hombre confuso y otro en claridad. El que está confuso, no cruza al otro lado; pero el que sabe que está allí por un propósito, que todos sus caminos son iluminados por un Ser superior que nunca lo llevará a un lugar para dejarlo fracasar, tendrá poder sobre todo y su luz brillará en todo lo que hace.

Mientras impartía unas conferencias en Virginia conocí a Lauro. Él había venido de México como invitado por su compañía. Era un hombre muy exitoso dentro de esa empresa. Cuando tengo que dar una conferencia en algún lugar, mayormente no tengo que estar en el salón escuchando a los demás disertantes, pero a esta organización le gustaba que estos estén allí, y me quedé.

Después de hablar le llegó el turno a Lauro, quien contó cómo comenzó en la empresa entre otras cosas. Esto no me causó mucha curiosidad, pues casi siempre es la misma historia: alguien que comienza en la quiebra, que no encuentra qué hacer y por supuesto, Dios lo pone en el camino de los negocios y su vida cambia. La verdad es que las historias de estas personas son emocionantes.

Yo, que he pasado mucho tiempo entre ellos, sé que las historias son reales. Pero lo que más me impresiona de cada historia no es el éxito de los que la cuentan, sino el hecho de saber que siempre que un ser humano está en el fondo, que cada vez que alguien no encuentra la salida, tiene la oportunidad de ver una puerta que cuando la abre irradia luz y esperanza.

La historia de Lauro me llamó la atención. Primero, porque él había entrado a ese negocio cuando tenía una vida estable.

Segundo, porque cuando estaba muy entusiasmado con el negocio todo se comenzó a derrumbar y los que lo motivaron a entrar y estaban en la cumbre del éxito, se derrumbaron también.

Tercero, él permaneció a pesar de que todos los grandes habían caído. Algo que quiero recalcar aquí es que las personas que brillan sólo porque los que están a su lado lo están haciendo también, no saben quienes son y nunca desarrollarán al máximo su potencial. Las copias nunca serán originales.

Cuarto, se mantuvo en el negocio a base de muchos reveses y cuando habían pasado diez años leyó un libro que le despertó algo en lo más profundo de su ser. Una sensación y necesidad de cambio lo embargó. En pocos meses él tenía que asistir a unas conferencias en los Estados Unidos y mientras viajaba en el avión le pedía a Dios que le dejara sentir lo mismo que sintió cuando llegó a la compañía, que le permitiera volver a soñar y a emocionarse, porque para esos tiempos ya no se emocionaba. Iba a las convenciones y no sentía nada.

Hay personas que niegan el valor de lo bueno porque sólo han tenido experiencia con lo malo. Hay personas que no creen que algo bueno les puede pasar porque sus experiencias pasadas no fueron las más deseadas. Si tú estás viviendo una experiencia donde te sientes incómodo con lo que tienes o donde estás, es porque algo dentro de ti requiere un cambio.

Cuando nos quejamos constantemente de una situación y no nos sentimos conformes por lo que nos está sucediendo, es porque nuestra conciencia grita por un cambio. La conciencia debe activarse para que se produzca el cambio.

Todo hombre tiene una luz de superación dentro de sí; pero necesita activarla. Está allí, pero hay que encenderla.

Cuando Lauro llegó a la convención, el conferencista que estaba allí era el mismo autor del libro que le había despertado el deseo de crecer. Dios siempre hará provisiones para aquellos que desean tener una vida mejor. Las personas no pueden tener una buena vida porque no la desean. Y allí nació otra vez su deseo de crecer.

Cuando llegó a su casa, su esposa le dijo: «Dime y cómo te fue». Él solo le dijo: «Seré grande»; y desde ese día comenzó a trabajar para eso. En cinco años consiguió la meta que se había propuesto para cambiar su mundo económico. Cuando le vi, tenía una buena vida y viajaba por el mundo, disfrutando y contando sus triunfos.

¿Por qué le pasó esto a este hombre? Porque se le despertó la conciencia y comenzó a ver quién era y lo que podía lograr. Entonces se lanzó a la conquista de su sueño.

Cuando tu conciencia despierta al conocimiento de un cambio, cualquier cosa puede ser posible. La expansión de todas las cosas está en la luz de la conciencia que hace que el hombre logre cambios y domine el reino de las tinieblas.

Capítulo 3

La luz que atrae el éxito

Toda persona exitosa se forma a través de un largo camino. Esto es posible si ha trabajado para obtener el éxito. Se requiere ver algo bueno en un mundo tan oscuro y negativo. Requerirás de una luz que te lleve al mismo. A esto le llamamos: «visión». La visión es la capacidad de ver un futuro mejor. De esto vamos a hablar más específicamente en capítulos posteriores, pero ahora quiero decirte que las personas de visión alcanzan el éxito, y la única razón por la cual lo hacen es porque lo pueden ver. Todo lo que la mente es capaz de ver y creer será capaz de crear.

En la República Dominicana hay un gran problema de electricidad. La luz se va a cada momento y no respecta horarios para hacerlo. Me acuerdo que muchas veces me levantaba en las noches para beber agua o ir al baño. Levantaba mis manos tratando de prender el bombillo, el cual se encendía al jalar una soga que colgaba del mismo.

Pero en muchas ocasiones al jalarla, me enfrentaba a la realidad de que la luz se había ido. Entonces trataba de bajar de la cama, pero al primer movimiento me daba un golpe en la cabeza, pues sin darme cuenta estaba bajando de la cama del lado contrario.

Después de esta experiencia, cambiaba el rumbo y me bajaba de la cama con mucha cautela. Pero no fueron una ni dos veces que sin darme cuenta chocaba con sillas, mesas y cuantas cosas había en el camino.

Hay circunstancias que te harán creer que tus sueños nunca llegarán a concretarse, pero estos se cumplirán siempre y cuando no dejes de creer.

Otras veces me llevaba la bacinilla entre los pies haciendo un espantoso reguero de orines. Hoy me río de esta experiencia, pero en esos tiempos no era algo chistoso.

Muchas personas esperan alcanzar el éxito en su matrimonio, empresa u organización. Esperan ser felices y convertirse en seres humanos espectaculares, pero carecen de la capacidad de ver el camino. Estos ignoran que sin una visión no hay una luz que le ilumine el camino, y están en una total oscuridad.

Todo hombre tiene una luz de superación dentro de sí; pero necesita activarla. Está allí, pero hay que encenderla. Pablo dijo: «No apaguéis el espíritu». El espíritu del hombre tiene el poder de encenderse o apagarse.

Jacob, el padre de los doce pilares de las tribus del antiguo Israel, tenía doce hijos, pero sólo dos de ellos eran hijos de Raquel, la mujer que él verdaderamente amaba. Cuando el último de estos dos hijos nació, Raquel murió y Jacob quedó con una obsesión por sus dos hijos José y Benjamín. José era el mayor de los dos. Éste era un muchacho inquieto y con muchos sueños.

Un día se le acercó a su padre y hermanos, y les dijo: «Papá, yo tuve un sueño y el sueño era que doce matojos de trigo se inclinaban hacia mí; y que la luna y las estrellas también lo hacían». Su padre interpretó el sueño como que José iba a reinar sobre ellos y se enojó con él. Le habló de manera despectiva; fue cómo decirle: «Muchacho, tú sí inventas cosas; búscate algún oficio para hacer». Jacob era un hombre muy visionario, pero aun así no podía ver la luz de los sueños de su hijo.

Las personas que te rodean nunca te dirán: «Tú puedes». Ellos no actúan así porque no desean tu éxito, sino porque no entienden lo que hay en tu interior y quieren alejarte de todo lo que piensan que te causará daño. Para ellos no eres más que el hermano menor, el vecino de la esquina o el amigo que siempre jugaron juntos. Ellos te conocen y te miran por tus posibilidades, no creen que seas capaz de hacer algo más grande que lo que ya conocen de ti o lo que han podido lograr.

Debes creer tanto en tus sueños que la luz que tienes en el interior se pueda ver en el exterior. Como la mujer cuando queda embarazada la primera noche que tiene una relación sexual. Ella sabe si quedó embarazada o no. Aunque todos puedan decirle que no lo está, ella sabe que sí lo está y comienza hacer todo lo que es necesario para que ese embarazo esté protegido y el niño nazca saludable. Si a ella le dijeran al día siguiente: «Tú no estás embarazada», continuaría diciendo: «Si, lo estoy». Tu trabajo es repetirte una y otra vez: «Si, es posible». «Si, lo voy a lograr.» «Si, tendré un hijo.» «Si, tendré éxito.» «Si, estoy saludable.»

La mujer que sabe que está embarazada no le preocupa lo que las personas digan de ella ni le preocupa que digan que no es verdad su embarazo. Ella sabe que al final lo está y eso es todo. ¿Por qué? Porque sabe que aun los que le dicen no, pronto verán su fruto. Cuando tenemos sueños en nuestro interior y creemos en ellos, lo que la gente diga está demás y seguiremos trabajando en ellos hasta verlos cumplirse.

La luz molesta los ojos de los que tienen ceguera

Este principio se aplica en el mundo empresarial, económico y de desarrollo. José, el hijo de Jacob, siguió contando su sueño y hablándole a sus hermanos de lo que él haría cuando esto ocurriera. Pero esto hizo que sus hermanos se llenaran de ira contra él, echándolo vivo en una cisterna para tratar de matarlo. Los hermanos de José no lo odiaban a él, odiaban las ideas de crecimiento que éste expresaba. No podían admitir de que alguien menor que ellos tuviera mayores aspiraciones que las suyas.

Las personas que no tienen «luz de crecimiento» y andan en la oscuridad del conformismo, odian a los que sí tienen el poder de alumbrar al mundo en alguna esfera, también lo hacen con los que tienen ideas extraordinarias. José sabía este principio, que dice: «Pueden matarte a ti, pero nunca a tus sueños». Ellos echaron a José en una cisterna, pero ésta estaba vacía. Los hombres y las mujeres que quieren matar los sueños de otros son como cisternas vacías. Una cisterna vacía no sirve de nada.

Cuando sus hermanos destaparon la cisterna al día siguiente y vieron que José no había muerto, lo vendieron a unos mercaderes que pasaban por allí. A su vez, estos se lo vendieron a un capitán egipcio llamado Potifar.

Cuando el joven llegó a la casa del capitán de la guardia del faraón fue tratado como un esclavo común, pero muy pronto su luz comenzó a resplandecer entre todos y su amo lo comenzó a notar, al punto de saber que había sido prosperado por la presencia de ese muchacho en su casa.

Viendo las habilidades, la responsabilidad, la lealtad y los arduos esfuerzos del muchacho, Potifar comenzó a recompensarlo y lo puso como el administrador general de todos sus bienes. Pero cuando todo iba de maravillas, la esposa de este hombre le tendió una trampa haciéndolo caer en desgracia con su amo. Como resultado de todo esto fue a caer a la cárcel del rey. Pero también en la cárcel José fue responsable con sus obligaciones, y el carcelero lo puso sobre todos los presos.

Entonces sucedió lo inesperado. Dos presos importantes llegaron a la cárcel; uno era el panadero del rey y el otro era su copero. Los dos habían sido encarcelado por sospechas de conspiración. Los dos hombres tuvieron sueños y José, que tenía la luz para ver el futuro y la sabiduría de interpretar los sueños, les dijo sus significados, y a los dos hombres les sucedió tal y como el joven les dijo. El copero sería restituido en su cargo. Y a pesar de que éste le prometió que se acordaría de José cuando estuviera ante el faraón para hablarle de su inocencia, no lo hizo.

Al cabo de dos años, el faraón también tuvo un sueño que ninguno de sus hombres sabios pudo interpretar. Entonces el copero se acordó de la promesa que le hizo al joven hebreo de hablarle al faraón sobre su inocencia. Le contó al faraón del poder del joven de interpretar sueños, y como resultado de esto José fue puesto en el cargo de primer ministro de toda la tierra de Egipto. Hay circunstancias que te harán creer que tus sueños nunca llegarán a concretarse, pero estos se cumplirán siempre y cuando no dejes de creer.

Tus sueños siempre se cumplirán si sigues teniendo fe en ellos y en el Eterno. Él puso esos sueños en tu corazón y te ama demasiado como para dejar que no se cumplan. Las tinieblas de los envidiosos y de los que no creen en ti van a querer quitarte el brillo; alguna veces burlándose de ti, otra veces diciéndote que eres incapaz; muchas otras señalando tus limitaciones y errores. Pero si eres capaz de creer que en ti hay una luz superior, seguirás trabajando por lo que crees y cuando te veas en la esclavitud haciendo un trabajo que no te gusta, mientras vas en cumplimiento tu sueño para dedicarte a tiempo completo a lo que realmente quiere… Cuando te encuentres en el calabozo de los que se quisieron aprovechar de tus talentos y desviarte del camino… Será en esos lugares y entre esas personas que quieren tu caída donde harás lo mejor, sin quejarte ni renegar, a la espera del nacimiento de lo que ya está dentro de ti.

Fueron trece años los que pasaron entre el sueño que tuvo José y su cumplimiento, pero finalmente lo vio realizarse. No permitió que los que odiaban su luz la apagaran. A lo largo de mi vida en el liderazgo he encontrado a muchas personas amargadas y resentidas por la injusticia de otros que aprovecharon sus posiciones para sacarlos del trabajo o enviarlos a un lugar de menor privilegio. ¡Amigo, no permitas que esto te ocurra! Si quieres crecer debes saber que el crecimiento es para aquellos que brillan, y todo el que brilla encontrará enemigos que quieran apagar su luz.

Mientras trabajaba desarrollando congregaciones en New York, descubrí que la mentalidad de la organización a la que pertenecía no era la misma en Estados Unidos que en mi país. Allá premiaban grandemente a los que trabajaban y cumplían sus metas.

> *Es que las tinieblas solo pierden su poder con la luz y la luz resplandece donde más tinieblas hay.*

Cuando llegué, encontré en los colegas todo tipo de escusas y pretextos. Una de estas era que aquí, en los Estados Unidos, las personas eran muy indiferentes y no respondían a las invitaciones de las iglesias. Yo comencé a romper todos esos esquemas al dar la primera conferencia, que tuvieron que extender por 21 días más debido a la gran cantidad de personas que estábamos asistiendo.

Ese año no solo fui el que más personas pude ganar para la organización, sino que también levanté una nueva organización que rompió los record de más de cien años.

Pero todo esto no me trajo felicidad, sino mucho dolor y problemas. Se levantaron colegas hablando mal de mí por todos lados, y ya no había cosa que hiciera que no buscaran la forma de distorsionarla para hacerme ver mal o destruirme.

A diferencia de los demás, entré a la radio y la televisión llegando a poner mis programas en emisoras y canales de renombre nacional. Pero todas estas pruebas de mis talentos y favor de Dios no les sirvió, siempre se las ingeniaban para querer apagar la luz que poseía y que muchos a diferencia de ellos podían ver y apreciar.

Una cosa que allí aprendí fue que Dios siempre me respaldaba y que había una gracia sobrenatural para ganar a las personas. La gente me amaba y me apoyaba de manera extraordinaria. Pero esto molestaba a muchos que pensaban que yo era el culpable de su falta de liderazgo, y siempre se las ingeniaban para que yo cayera en la misma «cárcel» o en «la cisterna» de los diez hermanos envidiosos.

Para hacer que alguien caiga en la cárcel sólo se necesita poder, pero para hacer que llegue al palacio se necesita liderazgo. Los líderes que se orgullecen de la cantidad de discípulos que cayeron en desgracia, sea el hecho justificable o no, han perdido la verdadera luz del liderazgo. El liderazgo efectivo se conoce por la cantidad de discípulos que progresan, y no por la que fracasan.

Recuerdo que estuve en un lugar donde me tenían un aprecio muy especial. Mi director me motivó a que me fuera a cierto lugar en donde por 19 años solo habían logrado un crecimiento de 19 personas. Me explicó que en ese lugar no había nada que hacer. Me dijo: «Solo ve allá y visita a algunos de sus directores para que no estén molestando y llamando a la oficina, pero no te preocupes por lo demás porque allí nadie ha podido hacer nada y de esa gente no se saca nada bueno.»

Con esa idea fui al lugar, pero cuando llegué, como siempre lo hacía, me entusiasme con trabajar en el crecimiento de la persona a cargo y de la organización. Comencé a inspirarlo y los resultados no se hicieron esperar. La congregación comenzó a crecer y se multiplicó en gran manera. Las personas veían algo especial en mí y esto las inspiraba, las ayudaba a que creyeran que podían tener algo mejor, las movía a hacer cambios de toda índole.

Pero una vez más algunos no se alegraron con lo que estaba ocurriendo Las personas estaban contentas, la congregación estaba creciendo, pero esto no inspiró a los enemigos que tenía en la organización ni hizo que cambiaran su actitud hacia mí. Al contrario, esto los enfadó más. Cuando tú tienes la luz del éxito en tu interior y cuando todo lo que haces te da resultado, los mediocres se molestarán; no porque tú estás en contra de ellos o esto les roba algo de lo suyo, sino porque es demasiado humillante para ellos. Mi intención no era hacer quedar mal a nadie ni tenía el deseo de humillarlos o quitarles algo, pero por alguna razón ellos lo veían así. Muchos de ellos hablaban de mí con tanta ira que si hubiesen tenido una oportunidad de matarme, estoy seguro que no lo hubiesen hecho.

Un líder, que se había ido a otro estado y que había trabajado en el mismo lugar logrando un crecimiento del 1%, llamaba siempre a los líderes principales tratando de convencerlos diciéndoles que tuvieran cuidado conmigo porque yo trabajaba con hipnotismo y ocultismo de cultura extranjera. Ese comentario hoy no me hubiera hecho ni cosquillas, pero en esos tiempos me era muy molesto.

Muy pronto la organización principal me movió de allí, y así fue siempre que me llevaban de un lugar a otro. Hasta que tomé la decisión de irme y comenzar un proceso feo de transformación y sanidad, que al final se ha convertido en una bendición para mi vida. Porque cuando tú andas en luz, no hay tinieblas que puedan opacarte. No importa cómo se llame la tiniebla que está persiguiendo tu éxito o la inspiración que hay en tu interior, ésta puede llamarse envidia, odio, rencor o egoísmo. Lo que yo te aseguro es que si no te recientes con el mundo y con Dios, si sigues creyendo y si haces los cambios necesarios, triunfarás porque fuiste creado para triunfar y eso nadie excepto tú lo podrá evitar. Los que temen a los envidiosos y a los egoístas que no aman el triunfo y que se ofenden al ver a otro obtenerlo, nunca alcanzarán su propósito y se quedarán en la tierra diciendo: «Pude hacerlo, pero por X y Z personas que no me ayudaron no lo logré o no me lancé». Y ese «no pude» es más doloroso y humillante que todas las críticas del mundo.

> *...el éxito verdadero es de aquellos cuyos sueños no están velados por el egoísmo, la avaricia, la arrogancia y el odio...*

Siempre habrá dos grupos

En el mundo siempre habrá dos tipos de personas: unos negativos y otros positivos. Unos que llevan luz en el interior, y otros que no ven nada. Las personas que tienen luz tratan de salir de la ignorancia y romper los límites del pasado. La educación crea una base sólida y siempre puedes desaprender lo aprendido. Cuando hablo de educación no estoy hablando de la educación universitaria, aunque no le resto valor a los estudios universitarios.

Más bien hablo de la verdadera educación que viene del interior de una persona abierta y deseosa de tener más, de un hombre o una mujer que no se conforma y no cree que rompió todos los records y que lo único que le queda esperar es la muerte. Podemos aprender de cualquier persona, todas las personas son como libros abiertos y necesitamos valorarlos. Pero hay personas que por su propia elección decidieron caminar en constante penumbra.

En el mismo universo está expresada una verdad que ningún hombre que desea crecer puede ignorar o dejar a un lado, pues en éste hay dos masas de energía que hacen una armonía perfecta y que permiten la existencia de todo lo que percibimos. Una es «la energía negra» y otra es «la energía de masa de luz», este mismo conocimiento es importante para aplicarlo al mundo terrestre.

La verdad es que aunque muchos nos quejemos y a veces hasta veamos insignificante el aporte de los que viven en los vicios, de los que no tienen ninguna aspiraciones, de los que piden en la calle... quiero decirte que su función es muy significativa, ellos le dan valor y conciencia a los que quieren vivir diferente. Es por eso que me atrevo a decir que ellos tienen un sinnúmero de cosas que enseñarnos. Es que las tinieblas solo pierden su poder con la luz y la luz resplandece donde más tinieblas hay.

Las cárceles no deben ser lugares de lamento, al igual que las enfermedades, los dolores, la pobreza y el desamparo. ¿Por qué? Porque ese es el lugar o estado donde más podemos brillar. Tú dirás: «Pero Wilson, tú no crees que estás hablando de aprovecharse de los más necesitados». De ninguna manera, estoy hablando de brillar; crecer para poder inspirar a otros con nuestra luz. No hay virtud en quedarse agazapado, en no avanzar, pero no podemos evitar que por diferentes razones muchos lo hacen.

Esto no debe ser una razón para entristecernos, sino para reflexionar. Por dos razones: la primera es porque podemos inspirarlos; y la segunda, porque podemos aprender de ese estado de vida y decir esa no es la vida que me gustaría vivir. Si bien es cierto que el mundo se pone cada vez más incierto, también lo es cuando hay personas que no dejan apagar su lámpara.

La madre Teresa de Calcuta decía: «A veces lo que hacemos parece que es una gota de agua que cae en medio del océano, pero el océano sería más pequeño sin ella». He visto cómo muchas personas dejan que las tinieblas le quiten su brillo. Personas me dicen: «Yo no le doy lo mío a nadie y mucho menos a esos que piden en la calle, porque es para mantener sus vicios». Otros me dicen: «Yo no creo en nadie en la vida, hay demasiadas personas malas y mentirosas». Y así me podría pasar mucho tiempo enumerando diferentes hechos y razones por lo que muchas personas no ayudan pero estos hechos no deberían apagar tu lámpara de dar.

Estaba en Portland, Oregón, dando unos seminarios sobre la comunicación y las relaciones personales. El joven que se encargaba de llevarme al hotel y a cualquier lugar donde necesitaba, me señaló a un hombre que estaba en una de las esquinas de las calles de Portland.

Al mirar al desamparado, me dijo: «Mira este hombre pidiendo, podría trabajar. Cualquier cosa le daría más que pedir, pero claro, son gente sin visión y con vicios.» Entonces me quedé mirándole y le pregunté: «¿Cuántas horas a diario ese hombre está en ese lugar?» Me dijo: «De 12 a 14 horas al día para llevarse de 15 a 20 dólares para la casa». «Ahí está el problema», le dije, «el hombre trabaja más que la recompensa que recibe.» «¿Trabaja?» me contestó, «él no trabaja, él pide.» «Míralo desde un ángulo y una óptica positiva» le dije. «Ese hombre podría robar, asaltar o matar a alguien tratando de asaltarlo, pero él prefiere pedir. Pasa hasta 14 horas pidiendo para no dañar a nadie; eso tiene algo digno de admirar.»

Hay algo aquí que debe ser aprendido y que las personas que nos llamamos normales no tomamos en cuenta. Lo primero es que el hombre prefiere soportar todo tipo de rechazo, agua, frío, sol, etc., para poder conseguir ese dinero sin hacerle daño a nadie; algo bueno debe haber en esa alma oscura y confundida para hacer algo así.

Lo segundo es la actitud de la mayoría de las personas que prefieren pasarle por al lado ignorándolo y sin darle un solo centavo. Estas mismas personas que le pasan por al lado y lo ignoran si fueran asaltadas por el mismo hombre, si éste les pusiera un revolver en el pecho o un cuchillo en la garganta, le gritarían e implorarían por sus vidas. Y no sólo le dirían que están dispuesto a darle todo el dinero que llevan encima, sino también que no se lo dirán a nadie si éste les perdonara la vida. Pero como el que pide en la esquina les pide sin exigencia, ellos no le dan nada. Yo creo que si todos tomáramos por lo menos dos dólares al mes y ayudáramos a las personas que en países como el nuestro están en total oscuridad en cuanto al éxito, que no viven una vida normal y un estilo de vida sano, no tendríamos tanta violencia."

Este ejemplo está sólo relacionado con esa problemática, pero este principio no sólo se aplica a los que piden, sino también a los que no tienen esperanza. ¿Por qué? Porque «la luz reinó sobre las tinieblas y las tinieblas no tuvieron más poder sobre la luz.»

Quiero dejar en claro en tu mente que siempre habrá dos grupo de personas: uno que está en constante crecimiento y control de las cosas, y otro en descontrol, en miseria, pobreza y en anarquía total.

Si los que hemos recibidos la luz para entender que existe un mundo mejor, la usáramos para ayudar a que así fuera, nuestra energía de amor y grandeza los tocaría a ellos haciendo que estos despertaran y dejaran de mirar sólo lo negativo de la vida.

Cuando José, el hijo de Jacob, salió de la cárcel y fue puesto en el segundo lugar del trono, envió a buscar a su padre y a sus hermanos a la tierra de Canaán, y los hizo participar con él de su alegría y su grandeza. Los hermanos de José brillaron en la historia de Israel y del mundo antiguo no por su visión o su buena voluntad, sino por la de un hermano que no se resintió. Uno que cuando sus hermanos asustados fueron a su casa y les refirieron el hecho de que le habían vendido y le pedían perdón por tales crueldades, José decidió decirle: «No les guardo rencor por esto. No estoy resentido con ustedes ni pienso vengarme. Porque el mal que ustedes planearon contra mí se tornó en el camino para lograr mi visión, y es posible que ése fuera el método que Dios tenía para que a través de mí poder salvar a muchos.»

Un hombre de éxito no es sólo una persona que le ha ido bien en la vida, sino aquel que reconoce que no tiene por qué preocuparse ni resentirse, ya que todo en este mundo está a su favor y todo lo que le pasa es para

> *Correr no te hace una persona más segura ni te lleva a un próximo nivel, esto solo te ayuda a evadir la realidad.*

un buen fin. Nunca exterminaremos de manera radical los males que están sobre la tierra, pero sí podemos reaccionar con pensamientos positivos a quienes tocan nuestra vida y la de los nuestros.

El éxito es para los que sueñan y los que tienen visiones. Pero el éxito verdadero es de aquellos cuyos sueños no están velados por el egoísmo, la avaricia, la arrogancia y el odio, sino que saben valorar a los demás y están dispuestos amar y permanecer con principios y valores puros y buenos. Un hombre exitoso es un hombre feliz porque es leal a sus amigos, a su familia, a sus principios, a su empresa y a la humanidad. Sabe que está en el mundo con un propósito mayor y que si pudo llegar a este mundo entre tantos que se mueren antes de nacer, es porque la dicha de la vida está de su lado. Es por eso que vive agradecido y al máximo.

Poder en las tinieblas

Ya hemos dicho que las tinieblas tienen menos poder que la luz, pero tienen poder y esto no lo podemos ignorar. Desconocer la realidad de algunas cosas no es ser positivo, sino ignorante.

Un ejemplo de esto es que yo no tendré poder sobre la ley de la gravedad ignorándola, pero sí estudiando y viendo qué otras leyes tienen más poder que ésta. Este conocimiento me podría beneficiar de la misma forma. Esta es la manera cómo hemos llegado a viajar de un país a otro en una caja de hierro a la que hoy llamamos «avión». A esta ciencia se le llama, «aerodinámica».

Cuando hablo del poder de las tinieblas me estoy refiriendo a todos los males que hoy aquejan a nuestro mundo y que son parte de la ignorancia reinante. En lo natural podemos reflexionar un poco en la masa negra o «materia oscura» y «energía oscura», las cuales tienen el poder de hacer que muchas cosas se mantengan en su equilibrio. Este es un tema de mucha importancia en la física y la cosmología modernas; sin embargo, lo que se le llama «materia oscura» y «energía oscura» es una expresión de nuestra ignorancia. O sea, es una forma de los científicos de expresar lo que todavía no pueden explicar. Sólo hay muchas teorías y nadie sabe de qué están hechas, por eso creo que esa es la mejor explicación que ellos pueden dar de algo tan misterioso en el Universo.

Este principio se aplica a todo en la tierra: la lucha en contra del mal, de las drogas, del alcoholismo, de la pobreza y otros males que afectan nuestro planeta. Es una forma de hacernos vivir una vida ocupada y con sentido, pues la presencia de estos males nos mueve a prepararnos para enfrentarlos. Pareciera que estoy diciendo que debe existir el mal para que reine el bien.

Así es en cierto modo, porque si no hay tinieblas carece de importancia la luz o por lo menos ignoraríamos su valor. Mientras más espesa son las tinieblas más poderosa es la luz. Mientras más enfermo estamos, más valor le damos a la salud. Mientras más personas necesitadas existan, más valoramos lo que tenemos. Adán y Eva no valoraban la ropa porque no podían ver su desnudez, pues «ambos estaban desnudos y no se avergonzaban». Pero cuando sus ojos se abrieron en este conocimiento, entonces «reconocieron que estaban desnudos y cocieron hojas de higueras y se cubrieron».

Es necesario que entendamos que no lograremos nada quejándonos de los males que azotan nuestro mundo y del poder de los que hacen el mal. Por el contrario, debemos dejar que nuestra luz brille más y de esa manera seremos más apreciados, pues no estamos en la tierra para quejarnos sino para apreciar lo que somos, lo que hacemos y lo que representamos. Las tinieblas no nos quitan la luz; al contrario, le dan más fuerza.

Cuando yo era pequeño la mayoría de las veces me levantaba a las 12 del mediodía, cuando mi madre había terminado de hacer el almuerzo. Mis hermanos y yo tomábamos el almuerzo y nos poníamos a jugar con él,;nos lo vendíamos unos a otros por hojas de palos que considerábamos dinero. La comida para nosotros no tenía un valor real; simplemente la compartíamos por algo tan insignificante como las hojas de los árboles.

Cuando tomé responsabilidad de la vida y me casé

con Sandra, ella me dio tres hijos y estos tampoco le dan mucha importancia a la comida. Muchas veces les preparo unos sándwiches, que ellos simplemente no se comen y los dejan tirados, pero que yo pagué. Por eso los comienzo a motivar para que no boten la comida y para que le tengan más aprecio.

El aprecio a las cosas depende de la luz y el conocimiento que tengan sobre la misma. La madre Teresa de Calcuta dijo: «No se baña más el que está más sucio, sino el que tiene más conciencia de la limpieza». Las tinieblas tienen mucho poder para todos aquellos que no pueden ver la luz por andar en oscuridad.

> *La verdad es una luz; la mentira es una oscuridad.*

El poder de las tinieblas

Las tinieblas causan pánico

El miedo no viene del conocimiento sino de la ignorancia. Cuando era pequeño tenía tanto miedo a los muertos, que muchas veces no podía dormir en las noches. Me acuerdo que un día mi abuela me envió a una bodega que estaba como a 6 kilómetros de distancia y se hizo de noche antes de regresar a la casa. Estaba tan oscuro que casi no podía ver y tenía tanto miedo que no podía respirar. Mientras caminaba por un sembrado de café, los cocuyos y las mimitas me alumbraban el camino, pero mis padres me habían hecho un cuento de terror y decían que estos insectos portadores de luces venían del purgatorio y eran las almas de aquellos que todavía no habían tenido reposo.

Mientras viajaba por el cafetal, la idea de que estos pequeños insectos venían del más allá me seguía creciendo y el miedo aumentaba como un termómetro en tiempo de mucho calor. Fue cuando algo cayó de los árboles y comencé a correr aprisa, pero mientras más corría más miedo tenia y más corría. ¡No paré hasta llegar a la casa! En fin, nunca supe qué cayó del árbol; aunque hoy supongo que no era más que una rama. Pero corrí sin parar mientras me atormentaba la idea de que un muerto me perseguía; hasta podía sentir los pasos detrás de mí. A veces sentía su respiración y otra veces, sus manos que trataban de apresarme. El temor era tan grande que lanzaba gritos de horror mientras corría. «Ahhh, ayúdenme, me come un muerto.» Esto era lo que repetía una y otra vez.

Hoy analizando ese hecho, sé que corría de mi propios temores, mis falsas creencias y mi ignorancia sobre el estado de los muertos. Esto me hacía creer que aquello podía venir del más allá a asustar a los vivos, pero la verdad es que los muertos no tienen poder más que el que los vivos le dan. Por eso es muy importante que entiendas que sólo los vivos matan a los muertos.

Muchos en la vida viven corriéndole a cosas que no existen, y viven una vida de temor y sin sentido. Se provocan a sí mismos temor por falsas creencias. Correr no te hace una persona más segura ni te lleva a un próximo nivel, esto sólo te ayuda a evadir la realidad. Podemos sobrevivir evadiendo la realidad, pero no vivir.

La verdadera vida requiere valor, tenacidad y conciencia del presente; requiere detenerse y enfrentar las escusas, las falsas creencias, los temores y todo lo que está oscuro dentro de nosotros.

No podemos vivir una buena vida mientras somos dominados por sentimientos de fracaso. Las personas corren y corren por la vida sin ningún resultado. Saben que necesitan algo mejor, pero hay una fuerza superior que los detiene. Esa fuerza se llama temor, y ésta tiene el mismo poder que la fe.

Más tarde hablaré con más detalles sobre este tema,

ya que creo que es de mucha importancia; pero ahora lo que quiero que sepas es que el temor es un poder de las tinieblas.

La Biblia dice que cuando Jesús entró al Aposento Alto donde los discípulos se habían escondido—pero que estos no le reconocieron porque estaban cargados de temores y se habían escondido porque temían por sus vidas—, Él se les paró en frente y les dijo: «Paz a vosotros», y les dio una declaración que les trastornó la vida para bien: «Recibid el Espíritu, lo que aten en la tierra será atado en el cielo y tendrán autoridad sobre los hombres de perdonar». Estas palabras le trajeron a los discípulos de Jesús un conocimiento que ellos no habían manejado antes, e hizo que estos hombre dejaran sus temores, salieran de su escondite, y se lanzaran a conquistar el mundo.

Por la gran cantidad de cristianos que hay en el mundo y por los terrenos que fueron conquistados por el cristianismo, sabemos que estos hombres tuvieron una convicción muy fuerte. Pero mi punto aquí es que: donde hay tinieblas, hay ignorancia; y donde hay ignorancia, hay temor. La falta de conocimiento de quién eres y cuál es tu propósito te hace vivir una vida de plena confusión y oscuridad.

Las tinieblas te hacen ser uno más

El barrio donde yo vivía en mi niñez se lanzó a hacer una protesta, porque hacía casi un año que estaba sin electricidad y la corporación de electricidad no hacía nada para remediarlo.

Yo pertenecía a una institución religiosa que le impedía a las personas el unirse a la protesta en contra del gobierno. Pero la desesperación era tan grande, que todos los dirigentes de la iglesia decidieron que debíamos unirnos. Y todas las denominaciones y organizaciones se unieron a la causa.

La cuestión se puso tan seria que consideraban una herejía imperdonable no ser parte de la huelga. De noche salíamos a cortar los árboles para atravesarlos en la calle, con lo cual hacíamos una división del territorio. Pero no fueron pocas las veces que tuvimos que llevar a las vacas de las fincas para correr a la policía.

Me acuerdo que una mañana que salí tarde, pues me quedé en casa la noche anterior, había llegado tarde de cortar árboles para detener el tránsito y mantener el control de los carros que pasaban por la zona. Pero la policía nos había perseguido y yo, que cuando de correr se trataba lo hacía con toda mi fuerza y excelencia, esa noche oscura no pudiendo ver bien el camino me llevé algunas rama con mi delicado pecho, pues en ese tiempo mi peso era de 109 a 116 libras. Con un tamaño de casi seis, parecía un palillo y algunos me confundían con una jirafa. Mis brazos largos, mis fuertes piernas con 14 centímetros de ancho, me daban un aspecto de saltamontes y por supuesto, me dediqué a honrar bien mi nombre.

Siguiendo el relato, esa mañana salí tarde de la casa y me dirigí al comando central que estaba en la cabeza del puente que dividía el barrio del resto de la ciudad.

Mientras caminaba, vi a una gran multitud que se dirigía hacia a mí corriendo y dando voces de desesperación. Desconcertado, casi instantáneamente me uní a ellos sin muchas preguntas, y con la misma cara de terror con la cual vi a los demás venir, gritaba con todo mis pulmones a todo el que veía: «¡Coooooorran, cooorran…»! Mientras más corríamos, más aumentaba la caravana.

Todos llevábamos la misma cara, y nadie se detenía a preguntar o a discutir si debía hacerlo o no. Sólo corrían y animaban a otros que encontraban en el camino a hacer lo mismo.

Mientras corría casi sin aliento, vi a un amigo a mi lado que iba como compitiendo conmigo para ver quién llegaba más rápido. Y le pregunté: «Hey, Juan. ¿Qué paso?» Y él como resoplando, me dijo: «Le dieron una pedrada al capitán, y el hombre viene detrás de nosotros. Los policías dijeron que al que agarren, lo van a matar a palo.»

No había terminado mi amigo la última palabra, cuando mis huesudas piernas sintieron que le pusieron los motores del Apolo 11. No vi a mi amigo más, pues corrí como el hombre biónico y pronto me encontré debajo de mi cama; lugar en el cual permanecí por un tiempo.

Como a las dos horas comencé a salir y lentamente, como un ratón saqué la cabeza mirando hacia la calle. Pero para sorpresa mía muchas cabezas se veían salir y ya otros estaban caminando libremente y riéndose de la gran aventura.

Ahora la acción, que parecía una corrida de toros, se había vuelto «chistosa». Pregunté: «¿Por qué están riendo tan confiados?» Entonces me explicaron: «Todo fue una broma de alguien que quería ir a su casa o quería quitarse el aburrimiento. Comenzó a correr y a gritar que había apedreado al capitán, y la gente comenzó a correr con él.»

Hoy en día me parece un hecho cómico. Pero esta historia no está en mi mente por lo chistosa que fue, sino por el gran susto que pasé y también por la lección que aprendí. Esta me enseñó a no seguir a los demás porque sí, y a no creer todo lo que los demás dicen, aun cuando su cara revele que es verdad. ¿Por qué? Porque en la vida las personas corren igual que las personas de mi barrio, sin saber por qué lo hacen.

El joven que corrió primero sabía que todo era mentira, pero esa mentira era tan poderosa que ni él tuvo el poder de pararla y a medida que más personas se unían a la caravana, también él se la comenzó a creer y corrió más. Y les advirtió a más personas el peligro, porque todo era una gran mentira que se había convertido en una «verdad».

> *Repetir una historia negativa crea un mundo negativo.*

En la vida vivimos vidas limitadas porque las personas nos limitan. Nos cuentan historias que vienen de la mentira, pero decidimos creerlas. La verdad es una luz; la mentira es una oscuridad. «Conocerás la verdad y la verdad te libertará.» Las personas viven corriendo junto a la multitud, pero no se dan cuenta, porque es lo que culturalmente han aprendido. A muchos les gusta comprar una casa parecida a la de los demás, un carro que esté de moda, y corremos con las mismas ideas, frases y refranes que la multitud.

Salir del *estatus quo*, requiere detenerse y averiguar la verdad. Pero tememos que la verdad nos mate, sea desagradable o nos afecte; entonces preferimos permanecer en tinieblas, porque es más fácil ser amigo de todos que amigo de la luz.

Ser del montón, pensar como todos piensan, creernos que tenemos una verdad absoluta, negarnos a todo tipo de cambio y nuevo conocimiento es parte de «ser del montón» y de vivir en una peligrosa oscuridad.

Juan, uno de los amigos íntimos de Jesús, describió el poder que tienen las tinieblas sobre la mayoría de las personas cuando dijo: «La luz verdadera que ilumina a todo hombre vino al mundo, se plantó en el mundo, y aunque esta luz fue la que hizo que todos los hombres existieran, no le reconocieron. Pero Juan, un hombre que vestía pieles de camello y vivía en el desierto, la reconoció.»

Exalto el hecho de que entre tantas personas un solo hombre pudo ver esa luz, porque deja en evidencia que cuando tú vives por lo que piensan los demás, aun los hombres que dicen ser muy inteligente no serán luz en medio de una oscura multitud. Cuando tú te limitas a falsas o viejas creencias, sellándolas como una verdad, te verás envuelto en la mediocridad y el estancamiento.

Los hombres que siguieron a Jesús, hoy en día son famosos porque tuvieron un conocimiento mayor a la de su época, cultura, conocimiento y religión, y lo siguieron. Pero todos los demás permanecieron en tinieblas y desaparecieron en el tiempo y la historia. Siempre le vendrá a los hombres una revelación mayor a la precedente. No te niegues a verla y andar en ella.

Las tinieblas nos nublan el camino

Cuando era pequeño tenía fiebre frecuente e inexplicable. Una y otra vez, en las diferentes etapas de mi vida, esta se manifestaba. Pero debido a que vivíamos en el campo y al escaso conocimiento de mis padres sobre los peligros de la fiebre alta en el cerebro de un niño, nunca se hizo nada para averiguar de dónde ésta provenía.

Esto hizo que la fiebre fuera más frecuente y me causara grandes trastornos. Algunos de los trastornos que puedo recordar eran no saber dónde estaba, aunque estaba en mi cama. Muchas veces me levantaba de mi cama para ir al río a nadar, después de escuchar una voz que me decía que lo hiciera.

A veces iba por un camino y aparentemente consciente tomaba otro o por un camino que en sí no lo era, lleno de arbustos y cercados de vaca. Pero en algún momento me daba cuenta que estaba en medio del ganado, y que debía volver al camino real.

Mientras tuve mis creencias limitantes, pensé que las brujas tenían un plan para chuparme la sangre o apoderarse de mí. Pero más tarde, cuando ya estaba en quinto grado de la primaria y había aprendido a leer y a escribir, conocí sobre el poder de la voluntad después de leer sobre los hombres que trajeron la ciencia e hicieron adelantos científicos importantes en pro de la humanidad.

Una de esas historias que me impactó fue la de Robert Hooke, quien descubrió la célula. Él era un hombre muy enfermo, pero su estado no lo limitó; al contrario, sometió a su cuerpo a una fuerte disciplina para vencer sus tics nerviosos. También sufría de fuertes dolores de cabeza, sin embargo se sobrepuso y llegó a ser un científico de renombre.

Descubrí que Beethoven compuso una de sus mejores obras después de la aparición de su sordera. Pero no lo hizo por casualidad, sino después de dejar de preocuparse por ella; ya que el temor a quedar sordo era su mayor miedo.

Yo tenía muy buenos profesores, los cuales se encargaban de enseñarme principios «extras» a la clase. Era como si sintieran una viva preocupación por mí para que aprendiera ciertos principios divinos que debía capta a temprana edad.

Honro mucho a mi padre, pero reconozco que tenía un conocimiento limitado por su crianza; aunque mi madre siempre se preocupó por mi educación y cuidó de que yo también lo hiciera. Ellos hacían lo que podían.

Con este conocimiento propio llegué a la conclusión de que mi mente me engañaba. Por alguna razón mi mente trabajaba con mis temores, corriéndome de la realidad y llevándome a un mundo de fantasía. Entonces decidí por mí mismo que yo tenía poder sobre mi mente y elegí regresar de mis estados irreales, que se habían vuelto muy peligros, a la realidad. Mis padres no entendían la gravedad de estos trastornos, pues para ellos eran consecuencia de la fiebre. Muchos de estos casos no se enteraban, pues yo los callaba. La verdad era que la fiebre era consecuencia de mis miedos. Yo atraía a mí todos los males. Si escuchaba que alguien estaba enfermo, yo me enfermaba; si escuchaba que el mundo se iba acabar, no dormía en la noche; si escuchaba un cuento de terror, me arropaba de pies a cabeza y no dormía. Mi mente producía imágenes y emociones que me hacían vivir en un mundo oscuro y que nadie más percibía.

Entonces decidí vivir en la luz, comenzar a trabajar con mi mente y no aceptar su pronóstico. Una de las imágenes que yo percibía era que mientras estaba acostado, comenzaba a descender en una especie de limbo o laberinto astral. Otras veces me caía a un abismo sinfín, en el cual me quedaba atrapado y no podía salir. Esto me causaba gran angustia y sentía mucho miedo a ir a la cama. También era de ese abismo de donde yo salía corriendo hacia el río, la bodega o hacia cualquier otra cosa fuera de la realidad.

Un día desperté y perseguí a un perro queriéndolo comer vivo. Mi padre me tuvo que sostenerme mientras me calmaba. Con el tiempo aprendí a vencer mi estado mental. Lo hice tocando la cama mientras me acostaba, y cuando estaba en ella, pasaba la mano alrededor para asegurarme que estaba en un lugar físico. Cuando me venía la alucinación, le decía a mi mente que no estaba cayendo en ningún lugar, sino que estaba acostado en la cama, que ése era mi espacio.

Al principio parecía que esto no iba a funcionar, pero mientras más lo hacía más control tomaba de mi mundo, mas salía de esa oscuridad y más volvía a la luz de un estado normal. Entonces llegó el momento cuando comencé a tomar control total. Cuando me veía en algo que consideraba que no me pertenecía y me daba miedo, regresaba tomando conciencia del espacio en el que me encontraba.

Esto ya no sólo lo comencé a experimentar mientras estaba despierto, sino que también lo llevé hasta mis sueños. Sufría de fuertes pesadillas. Estas eran caídas de árboles, muertos y fantasmas que me perseguían mientras yo no podía hacer nada para defenderme. Pero también tomé control de los sueños que me asustaban o no estaban a mi favor. Me hablaba a mí mismo, tomando el control de la mente y diciéndome: «Wilson, estás en un sueño y debes salir de él». Así salía de todos los sueños que me causaban terror o que no estaban alineados con mi vida.

Esto lo practico hasta el día de hoy. Cada vez que sueño

algo que no va con mi vida, con mis principios, mis propósitos o si tengo un sueño de terror, le digo a mi mente: «Sólo es un sueño, y es tiempo de salir de él».

El conocimiento de mis problemas, el comprender que podía luchar contra ellos, y la conciencia de saber que tenía un control absoluto sobre mi mundo interno me ayudaron a vencer el

> *La mente debe ser cultivada como un jardín y el fruto de la mente son los pensamientos.*

fantasma interno y volver al camino de la realidad. Pude, como muchos, quedarme en un completo mundo oscuro, en un mundo interno el cual me pudo dejar fuera de mi camino real para siempre. Pero la luz que había en mí se impuso y lo vencí a través del conocimiento de la voluntad.

Cuando quedamos en profunda calma, soledad y silencio desarrollamos el más grande de los poderes, porque es en este poder donde se genera la ilusión y ésta le da paso a la conciencia real.

Si no tomas tiempo para relajarte y afinar tu mente a través de la conexión con tu Creador, podrías estar creando una falsa ilusión que a la vez te lleve a una horrible realidad.

Las tinieblas hacen que vivas por debajo de quién eres

Conocí a una joven estudiosa, con un gran deseo de triunfar y vivir una vida mejor. Se inscribió en la universidad y un día alguien entró a su habitación y la violó. Entonces comenzó a sentir que la perseguían donde quiera que iba, que todos la querían violar y que el demonio la buscaban para llevársela al infierno. Hasta el día de hoy ha vivido una vida miserable, saliendo y entrando a hospitales psiquiátricos.

A esta joven le ocurrió un hecho oscuro y la oscuridad tomó poder sobre su luz. No pudo volver más a la realidad. Sólo en algunas ocasiones lo lograba, usando una fuerte droga que los médicos le daban.

Esta joven tuvo un momento oscuro y se creó una historia oscura. Esa historia tuvo más poder sobre ella que cualquier otro deseo de superación. Dejó los estudios y se confinó a vivir una vida de odio y amargura.

Algunos dirán: «¿Wilson, tú estás diciendo que somos responsables de lo que nos ocurre?» No, no somos responsables de todo lo que nos ocurre externamente, pero sí internamente. El interior es más poderoso que el exterior. A todos los hombres y las mujeres de la tierra le pasan cosas, pero no todos tienen la misma historia. Los hechos no destruyen al hombre, sino la historia que cuenta y repite se hace realidad y crea un mundo en su mundo. Repetir una historia negativa crea un mundo negativo.

Las palabras tienen poder porque éstas son espíritu. El maestro Jesús dijo: «Mis palabras son espíritu y son vida». Las personas crean un mundo con historias de demonios, monstruos, odios, rencores, resentimientos, amarguras, y comienzan a vivir en ese mundo.

Ese monstruo que te atormenta es una creación tuya. Lo hiciste con tus creencias y tus palabras. Entraste a un mundo oscuro, comenzaste a contar la historia de ese mundo y ahora lo ves en todas partes. No estoy diciendo si las enfermedades mentales existen o no, sino que la mayoría de las cosas que vemos y vivimos la creamos nosotros con nuestra mente; y lo peor es que siempre buscamos a quién echarle la culpa, creyéndonos nuestra propia mentira. El poder no viene del odio o la mentira, sino de la verdad.

La oscuridad tendrá poder sobre ti, a menos que cambies tu manera de pensar. Cambiando esto cambiará tu historia, y si ésta es de poder y fe, creará una fuerza superior a la tuya que estará protegiendo tu mundo.

Este fue el poder que Dios nos dio. El poder de vencer todo por medio de la fe, y de crear lo que nos propongamos a través de las palabras. Esto te va a sonar extraño, pero aun Dios el Creador de todas las cosas queda limitado por estas dos fuerzas. «Pues sin fe es imposible agradar a Dios.» La palabra «imposible» en su contexto es «impotente».

Yo personalmente creo que sin fe hacemos a Dios a nuestra imagen. Lo hacemos «impotente», ya que sólo «al que cree todo le es posible». La fe diseña lo que podemos conseguir, pero las palabras lo revelan. Porque la fe se revela en tus dichos: «Porque como es el pensamiento del hombre, así es él» y «de lo que abunda en la mente del hombre son los dichos de su boca»; y si tus pensamientos son de fe, tus palabras (historia) también lo será. «Porque si tuvieras fe como un grano de mostaza y le dijeras a ese monte muévete, se movería.»

Vemos claramente que la manifestación del poder del Creador en el mundo del hombre tiene que ver con la luz de la fe. El hombre decide hasta dónde llegar, qué ver manifestado en su mundo y qué vida desea vivir. En otro capítulo abundaré sobre esto. Pero quiero dejar en claro que si estás viviendo por debajo de lo que debes vivir, deja de contar esa vieja historia y comienza a crear una historia nueva. Los hombres de visión no son los que cuentan una historia, sino los que la crean, y cada hombre que nace sobre esta tierra tienen el poder de crear una.

Concluyo diciendo que es verdad que las tinieblas tienen poder y muchos son los que deciden ser esclavos de ellas. Pero no olvides que eres un ser de luz y que un poco de luz hace que las tinieblas se disipen. La luz está en ti y tienes poder sobre cualquier situación y problema que tengas. No importa que éste sea externo o interno, puedes vencer lo que te propongas y convertirte en la persona que quieres ser.

Yo estoy hablando de lo interno, pero recuerda que el que vence los obstáculos internos tiene vida plena. Sólo lo que está dentro de ti tiene control y poder sobre ti. Recuerda que yo llamo «tinieblas» a todos los traumas y temores que te controlan y te quitan la felicidad, a todo lo que te opaca, a todo lo que te acorta la vida. Es verdad que en el Universo existen una masa y una energía oscura, pero el hombre y todo ser viviente conocido no vive allí. Los seres vivos se alimentan de la luz y su vida sólo es duradera donde esta reina.

Gotas de energía

Cuando analizas el cerebro del hombre, éste tiene una semejanza con el Universo. Sus neuronas activas se parecen a una ciudad encendida. Cuando un cerebro va envejeciendo, muchas neuronas se mueren y la imagen que da es la de una ciudad que se está apagando, de una ciudad con muchas bombillas quemadas. El cerebro tiene luz porque se mantiene conectado a la energía.

Es más, todo nuestro cuerpo es energía. El Universo es energía. La sustancia de Dios es energía. Y los que han tenido un encuentro profundo con Él pueden corroborar esto. «Dios es espíritu y los que le adoran deben hacerlo en espíritu.» Esta es una de las razones por la que digo que todas nuestras facultades fueron creadas para que tengamos una comunión con la luz y para ser enfocada hacia ésta.

Los pensamientos del hombre no son una excepción. No debemos tener pensamientos malos y oscuros porque estos dominarán nuestras emociones. Según sean nuestros pensamientos, así serán nuestras emociones. Debido a que los pensamientos son como gotas de agua que llenan el océano de la mente, si son pensamientos malos la ensucian y si son pensamientos buenos la mantienen limpia.

También los pensamientos son como gotas de energía que producen poder en las emociones y estás, a su vez, pueden producir energía en el cuerpo o debilidad. Una persona puede sentirse enérgica o débil, depende de los pensamientos que estén pasando por su mente.

Cuando acumulas muchas preocupaciones, tu energía corporal disminuye y comienzas a sentir el agotamiento de la mente. Esto nos da la autoridad para decir que la mayoría de las enfermedades no comienzan en el cuerpo, sino en la mente; particularmente en los pensamientos. Estos producen imágenes mentales y a la vez que desencadenan circunstancias, pues lo semejante atrae a lo semejante.

Las imágenes producen emociones. Las emociones son más fáciles de detectar que los pensamientos. Muchos autores dicen que podemos dejar la mente en blanco a través de una meditación profunda. Yo creo que no. Pienso que sí podemos hacer que la mente se concentre en una imagen y trabajar con los pensamientos a través de un congelamiento de la imagen mental. Los pensamientos se pueden poner más lentos,

Cuando enfocas tus pensamientos en quién eres y lo que puedes dar ... estás en camino de brillar.

pero no detenerlos totalmente. La mente nunca puede quedar vacía totalmente. Cuando las personas piensan que no están pensando, sólo están desconociendo su realidad. Siempre la mente está trabajando, pues ésta es un engranaje del pensamiento.

El hombre y los pensamientos

Tú eres lo que piensas. Tus pensamientos forman tu vida y tu futuro. «Porque tales son los pensamientos del hombre, así es él.» Las personas hablan y hacen según piensan, y cada hombre y mujer de este mundo debe tener conciencia de eso.

Sócrates dijo que el deber de la filosofía era hacer que las personas llegaran a pensar por sí mismas. Para Sócrates, el poder de un maestro era llevar al hombre a reconocer su propio poder interior. Él discípulo debería llegar a confiar en sus pensamientos interiores y a través de la reflexión alinear su mente a su propósito y destino.

Por nuestra crianza y hábitos, no siempre pensamos como deberíamos. Tenemos la mala costumbre de pensar basado en las circunstancias y las situaciones que nos rodean. Llenamos nuestra mente de esos pensamientos sin darnos cuenta que estamos siendo juzgados por ellos. ¿Por qué? Porque es de nuestros pensamientos de donde vienen las palabras y las acciones.

Decimos cosas que no queremos, porque nos dejamos llevar por los pensamientos que nos abruman. «De la abundancia de la mente habla la boca.» Muchas personas se preocupan más por su apariencia externa que por la interna. Es verdad que lo externo es importante; pero sólo si es consecuencia de lo interno.

Cierto día Jesús se sentó a comer con sus discípulos y los fariseos, los principales religiosos de su tiempo. Lo criticaron porque estaban rompiendo la tradición supuestamente comiendo con las manos sucias. Entonces él les dijo: «Lo que sale de la boca es lo que hace daño, no lo que entra por la boca, porque de la boca salen todos los malos pensamientos, más lo que entra a la boca va a la letrina.» Hay personas que le dan mucha importancia a lo que entra en su boca y al aspecto de su personalidad, pero lo más importante aquí no es la personalidad y demás, sino cómo piensas, qué tienes dentro de ti y en qué enfocas tus pensamientos.

Los pensamientos son como la comida. Sólo que ella alimenta el cuerpo físico, mientras que los pensamientos alimentan nuestro cuerpo espiritual que está en la mente. El alimento tiene valor al alimentar el cuerpo físico. Si tú no comes bien, tu cuerpo físico sufrirá alguna enfermedad o trastorno. El ejercicio, el alimento y el agua tienen un papel muy importante en lo físico, pero sólo los pensamientos tienen un papel significativo en lo espiritual o lo interior. Lo que leemos, las imágenes que vemos y ponemos en la mente y lo que oímos es algo que juega un papel trascendente en todo esto.

Si te pones a analizarlo, a las personas les gustan cada vez más las cosas rápidas y de menos profundidad e imaginación positiva. Los géneros musicales se basan cada vez más en el ritmo que en las palabras, y si hay palabras, estas enseñan poca cosa. Esto sólo nos da un mensaje, y éste es que a las personas de hoy no les gusta dedicar tiempo a pensar. Yo no estoy en desacuerdo con ningún género musical porque creo que no son dañinos en sí mismo. Pero cuando este gusto es el resultado de los gustos de la mayoría, se deja el buen pensamiento y las buenas palabras a un lado para cantar o decir todo el morbo que viene a la mente, entonces tenemos que preocuparnos.

La mente debe ser cultivada como un jardín y el fruto de la mente son los pensamientos. He trabajado con muchas personas deprimidas y todas tienen algo en común, una historia oscura que no desean abandonar. Pasan gran parte de su tiempo pensando en algo triste de su pasado y en los defectos que tienen. Tratar de que ellos dejen esto es como decirles: «¡Seamos enemigos!»

Quizás tú eres una persona que sufre de depresión e incluso tu depresión puede que sea crónica. Los médicos te diagnosticaron y medicaron, y hasta puede ser que hayas estado internado una y otra vez. Tú mismo ya no crees que puedas salir de esta situación y te resignaste a ese estilo de vida, pensando y diciéndote: «¡Que más me puede pasar! Éste es mi destino y para eso nací. Estoy vivo sólo para sufrir, llorar y vivir cosas malas.» Si ése eres tú… sí, es a ti que te estoy escribiendo. ¡Quiero que sepas que esa es una mentira del mundo de las tinieblas! Este sentimiento no viene del mundo de la luz, y no debes creerla.

Tú dirás: «Pero Wilson, ¡es un diagnóstico médico!» Sí, pero aunque la medicina ha trabajado con las revelaciones que le fueron dadas en el reino de la luz y el avance, la medicina sólo trata el cuerpo.

Los pensamientos son espirituales, y tienen influencia sobre la mente. Pablo dijo: «Despojaos del viejo hombre, el cual está viciado». Hay pensamientos y deseos engañosos que no nos dejan ver la grandeza de lo que poseemos. Vienen de nuestro pasado, nuestros patrones y nuestras creencias.

Cuando trabajamos en nuestros pensamientos y comenzamos a creer que algo bueno le puede pasar a nuestra vida, todo comienza a cambiar y nos transformamos en personas distintas. Los patrones de conductas, las emociones,

> *...la diferencia entre la vida y la muerte, es que los vivos siempre tienen algo que ofrecer, pero la muerte es una total oscuridad...*

las enfermedades y la depresión más crónica pueden desaparecer si cambias tu manera de pensar. Si cambias los pensamientos de temores por pensamientos de paz... si cambias los pensamientos de derrota por los de victoria, serás otra persona.

Los pensamientos y las emociones

Mientras daba unas conferencias en Atlanta, Georgia, el líder de la organización me dijo que había una mujer que quería hablar conmigo. Me reuní en uno de los salones del hotel y comencé a hablar con ella y su esposo. Lo primero que me dijo fue: «No sé por dónde empezar... es que mi historia no la acabaría de contar en una vida. Me han pasado tantas cosas negativa, una tras otra... desde que tengo uso de razón sólo me pasan cosas malas.»

En ese momento la interrumpí y le dije: «¿Por qué no comienza por lo último y se olvida de contarme toda su vida?» «Bueno —me dijo—, lo último que me pasó es que tuve un ataque cardíaco y se me durmió el lado izquierdo. Me operaron esta pierna, me diagnosticaron cáncer, me duelen las articulaciones del cuerpo, tengo fuertes dolores de cabeza... estoy con mi esposo, pero nunca estuve de novia con él. No avanzo en nada, y tengo problemas económicos. No tengo deseo de seguir viviendo, me pasa una cosa mala tras otra, y sufro de una depresión crónica.»

Me habló de tantas cosas que la lista era interminable. Esto, según ella, era lo último y cuando terminó con lo último, antes de que yo le dijera una palabra, comenzó con lo primero. Empezó a contarme su vida desde que tenía uso de razón. Desde muy pequeña sus padres la abandonaron, y ella tuvo que vivir su infancia en la casa de unas personas que la maltrataron, violaron y la hicieron sentir la niña más miserable del planeta. Me contó que cuando ella comenzó a crecer, su padrino la empezó a violar.

Su esposo, que estaba sentado muy cerca, hablaba de vez en cuando, y sólo la miraba con cara triste y asentía con la cabeza, corroborando cada palabra que su esposa decía. A él se lo veía más deprimido que ella. Las personas contagian a todos los que están a su lado con sus emociones y sus palabras depresivas, las cuales son producto de un pensamiento similar.

En un momento de la conversación la mujer se detuvo a mirar a su esposo, y dijo: «Me fui con éste a la edad de 16 años. Nunca estuve de novia con él, ni siquiera lo conocía. Me fui porque no tenía a dónde ir y necesitaba salir de esa casa.»

Yo sabía lo que ella me estaba diciendo. Lo que me quería decir era: «Ni siquiera me casé con el hombre ideal; me casé con un hombre que no amo, porque no tenía más opciones».

Esta era un alma en total oscuridad, una persona sin ninguna esperanza. Todo lo que hacía era pensar en su pasado, recordar todo lo que había vivido para sacarlo por su boca. Ella no se daba cuenta que estaba recreando sus propias emociones y estado mental. No se percataba que cada vez que pensaba en esa historia dolorosa estaba trayendo esos males a su vida. Ahí radicaba su problema, su depresión, su cáncer, sus ataques y sus temores.

Cuando las personas viven algo negativo o están pasando por momentos difíciles, sienten que contar su historia todo el tiempo los ayudará a liberarse de las emociones destructivas que los abruman. Pero eso no es verdad, cuentan las historias porque las emociones los dominan. ¿Por qué? Porque las emociones ya fueron cargadas con los pensamientos tormentosos de desgracia, fracaso y derrota.

La mejor manera de saber que estamos pensando de manera negativa es cuando nuestras emociones están bajas, cuando nos sentimos tristes o deprimidos. Éstas siempre serán una consecuencia de nuestra manera distorsionada de pensar.

Comencé a hablarle de las imágenes de la mente y de lo importante que era que cambiara las imágenes mentales, pero para hacer esto debía elevar sus pensamientos malos a pensamientos de bien. Debía cambiar la historia, y para cambiarla debía imaginarse feliz. Esto fue lo que le dije a la señora que debía visualizarse con todo lo que deseaba. Debía poner en su mente imágenes y verse como su Creador la veía, llena de amor, de cuidado, con todo lo que deseaba.

Le expliqué que esto era vivir en fe, y vivir así era vivir creyendo que la vida tiene cosas buenas para nosotros. Le propuse hacer algunos ejercicios de visualización positiva y declararé palabras de bien para su vida. También la puse a declarar los nombres de las personas que ella necesitaba perdonar. Quería que aprendiera que había un trabajo que ella tenía que hacer y era el desprenderse de todo recuerdo y pensamiento que la esclavizaban. Porque si no perdonaba a quienes la dañaron, nunca lo lograría. Ella debía cambiar su historia y esto requería una disciplina diaria.

Tú puedes orar, cantar, rogar y hacer cualquier tipo de rituales, pero si los pensamientos no son renovados todos los días de nada te servirá. En el libro de Romanos encontramos esta declaración: «Se renueva la mente con los pensamientos del entendimiento». Lo que quiere decir es que cuando queremos un cambio debemos trabajar en éste.

Entonces la mujer hizo todo lo que le dije, aceptando mis declaraciones, mis oraciones y mis ejercicios. Al final puse la mano en su hombro, la miré a los ojos, y dije: «Declaro la paz de Dios sobre ti», y se desmayó.

Por más de media hora estuvo en ese estado; no se podía parar ni mover. Le dije a su esposo que se quedara a su lado pues tenía que irme a mi habitación a buscar la maleta, para poder alcanzar el avión de regreso a New York.

Cuando volvía por los pasillos del hotel la encontré, su rostro brillaba y su cara irradiaba felicidad. Se me acercó y me expresó: «Dios tiene un día para cada persona y éste era el mío. Desde el sábado en la mañana cuando lo vi hablando, supe que algo maravilloso había en usted. Usted resplandecía con una gracia muy diferente a otros motivadores, sus palabras estaban cargadas de un poder y una convicción superior. Ahora me siento distinta, siento que me quitaron un gran peso de encima, que me arrancaron algo muy oscuro del alma. Me siento flotando.»

Querido lector, a esto le llamo «ser un ser de luz». Cuando tú conoces quién eres y lo que puedes dar... cuando enfocas tus pensamientos a esa verdad, en lugar de enfocarlos a la mentira de la experiencia y del pasado, estás en camino de brillar. La mujer estaba triste y enferma por lo que tenía en su mente.

Cuando cambiamos nuestros pensamientos todo cambia, especialmente nuestras emociones. Todo comienza por allí. Si cambias tus pensamientos, cambia tu imagen mental. Si cambias tu imagen mental, también cambian tus palabras y tus hechos. Si cambian tus hechos, también lo harán tus hábitos, y con ellos cambiará tu destino.

La señora comenzó a sentir que todo su mundo había cambiado cuando se enfocó en las cosas buenas que yo le decía.

En lo personal, creo que todo puede cambiar si pensamos de manera positiva siempre y nos liberamos de nuestro pasado negativo. Somos una luz, pero el «switcher» de ésta está en la mente y se llama «pensamientos». Cuando estés decaído y triste, levántate con esta promesa que el Eterno hizo para ti: «Porque estos son los pensamientos que tengo para ti, pensamientos de bien y no de mal, de riqueza y no de pobreza».

Lo que damos, recibimos

Este pensamiento está muy alineado con «la ley de

la regla de oro», «la ley de la atracción», «la ley de la siembra y la cosecha», «la ley del Karma y Dharma», «la ley del Talión», «la ley de la vida y la muerte», y «la ley del bumerán». Todas estas leyes están expresadas de diferentes maneras, pero terminan en lo mismo: lo que el hombre da, es lo que recibe. Esto tiene aplicación en lo espiritual, en lo emocional, en lo amoroso, en las acciones y en los pensamientos.

Mientras miraba una película, la cual tenía por título «El último samurái», noté que tenía un sinnúmero de enseñanzas. Una de las frases que pude escribir decía: «La vida no tiene sentido, si no hubiera nadie con quien compartir su luz». He visto que muchas personas tienen problemas porque sólo se enfocan en pensar en ellos mismos, en vez de comenzar a pensar en cómo ayudar a otros. No hay mejor terapia para un alma enferma que ayudar a otros que poseen su mismo mal. Ayudar a las personas desata el bien en nosotros.

Yo me crié en un hogar donde las personas venían de los campos y se quedaban en mi casa como parte de la familia. Algunos no eran familia, pero mis padres los trataban como si lo fueran. Nunca nos pasó nada malo y nunca vimos que uno de esto nos pagara bien por mal.

Eso hizo que yo desarrollara una confianza un poco ingenua por la gente, y después de casarme hice lo mismo que mis padres. Hubo un tiempo en Dominicana en que recibíamos a tantas personas que llegaban al país, que las autoridades de Migración nos llegaron a investigar pensando que teníamos un negocio de tráfico de indocumentados. Pero si de algo puedo dar testimonio es de que nunca nos ha faltado nada. Y aunque muchos nos han tratado con traición, siempre hemos conocido personas que nos han ayudado. Las personas se decepcionan de los demás y se encierran en su dolor, pero encerrarse a odiar es el mayor de ellos.

Las personas con pensamientos de depresión y amargura siempre están pensando en lo mal que la vida los ha tratado, en los problemas que tienen, en lo inservible que son, en lo poco que tienen, en lo que perdieron. Todo esto hace que ellos se concentren en su problema y se angustien más de lo normal. Si estas personas se enfocaran en salir y ayudar a otros, se olvidarían de sus propios problemas y pronto se convencerían que tienen una luz interior que al proyectarla muchos apreciarían. Y la idea de que todo cuanto les rodea es un mundo de oscuridad, se iría.

Canta con alguien, sal con alguien, baila con alguien, dale a alguien una palabra de esperanza y consuelo. Si el tiempo que pasas en tu casa pensando lo mal que te va en la vida lo comienzas a dedicar en ayudar a alguien, tu vida cambiará, porque todo lo que piensas, enfocas.

Una vez le preguntaron a la madre Teresa cómo podía ella tratar a las personas con tanto amor y cómo podía poner sus manos en las llagas de los enfermos sin ningún tipo de asco. Ella respondió: «Mi Señor Jesús dijo: "Cuando lo hagas por uno de estos más pequeños, por mí también lo hiciste". Y cada vez que veo a alguien enfermo y con llagas, no lo veo a él, sino a Jesús.» Este concepto es superior a sólo ayudar a la gente o sólo hacer algo.

La conciencia de que somos alguien y poseemos algo bueno para dar, que somos portadores de una luz superior, de una luminosidad que nos da un sentido de identidad que nos hace actuar por encima de nuestras limitaciones. La vida es la total conciencia de que fuimos creados con la capacidad de dar algo bueno, de tener un propósito.

Esta es la diferencia entre la vida y la muerte, que los vivos tienen siempre algo que ofrecer; pero la muerte es una total oscuridad, porque no hay en ella estado de conciencia. Las personas que se resignaron a un estado de pensamiento por debajo del que fueron creados, se conformaron a la muerte. Si piensas que no tienes nada que dar, pensarás que no tienes por qué vivir, y la vida y la muerte no te harán diferencia alguna. Nosotros somos la luz; y la luz no está afuera, sino adentro.

Recuerdo que en el primer año de haber llegado a Estados Unidos me sobrevino una terrible depresión que se convirtió en ansiedad. No podía dormir y tenía ataques de pánico; dormía casi debajo de mi esposa. A veces, mientras viajaba, quería chocar mi carro. Tenía muchos pensamientos de suicidio.

Cierto día me quedé en la casa haciendo un ayuno espiritual, tratando de que Dios alejara los fantasmas de mi mente. Cuando tenía 15 días sin comer, llamé a Andrés mi primer mentor; estaba desesperado y necesitaba un milagro. No veía el camino y en mi mente estaba ese pensamiento de muerte que no se iba. Era como si se hubiese clavado en mi mente y nada lo pudiera sacar.

Comencé a hablar con Andrés y después de hacer algunas preguntas, pidió a sus hijos y a la esposa que estaban con él que salieran de la habitación donde estaban. Él sabía que un espíritu de depresión estaba embargando mi mente, y que cuando comenzara a tratar conmigo afectaría también su entorno.

Así es amigo, la depresión, los sentimientos de muerte, los pensamientos suicidas, y los sentimientos de inferioridad son vibraciones y se convierten en ambiente contagioso. Cuando mi amigo sacó a su familia de la habitación me petrifiqué más todavía, quise colgar el teléfono y terminarme de morir, pero no tenía adónde correr, debía enfrentar el hecho de que algo malo estaba en mí, que no estaba bien y debía recibir ayuda de alguien.

En ese tiempo yo trabajaba para una institución donde los colegas no se tenían confianza, cualquier manifestación rara era considerada un ataque demoníaco o de locura. Sólo a este hombre tuve la confianza de contarle lo que me pasaba, pero luché casi un mes tratando de resolverlo por mí mismo. La idea de que cuando yo fuera a predicar en alguna de las iglesias y me diera un ataque de cualquier índole, me atormentaba más que el mal mismo. Día y noche pensaba sólo en eso. Me decía: «Perderé la credibilidad cuando esto me pasé en público. Si me desmayo o lanzo gritos de nervio, o me cambia la voz… si algo de esto me ocurre, nunca más me dejarán volver a ministrar. Me tendré que dedicar a vender cosas en la calle y habré perdido todo por lo que tanto luché.»

Cuando estaba solo, hizo una oración conmigo que no cambió mucho el estado en el que me encontraba. Pero entonces me hizo dos preguntas que cambiaron mi vida. La primera pregunta fue: «¿Qué estás haciendo en estos días?» Ya para entonces yo no tenía fuerzas para hablar, el hambre me estaba matando. Pero tomé ánimo y con voz baja le dije: «Estoy ayunando por más de quince días». Entonces él me dijo: Deja de ayunar y ponte a comer».

La segunda pregunta que me expresó fue: «¿Estás haciendo algo por los demás?» «No», le respondí. «Me siento muy mal y tengo mucho miedo que me pase algo en el camino o en la casa de alguien.» Me dijo, «Sal de la casa y ponte a ayudar a otros y verás que muchos de ellos están peor que tú.»

Inmediatamente comencé a visitar a las personas en sus casas, les ofrecía mi ayuda y mis oraciones, y antes de que me diera cuenta todo comenzó a desaparecer. Los pensamientos de suicidio, la depresión y la horrible ansiedad desaparecieron.

Para saber por qué se fueron mis problemas, debes comprender cómo llegaron. En ese tiempo yo estaba inmerso en mi crecimiento personal y económico. Iba a todos los lugares a los que me invitaban, aparte de mis responsabilidades como pastor en dos iglesia, mantenía dos programas de radio, evangelizaba en otros lugares, predicaba en todas las iglesias que me invitaban a veces tres y cuatro veces en un día. Ayudaba unas cuantas horas a la semana al hijo de un doctor que tenía problemas nerviosos, buscaba anuncios publicitarios para uno de mis programas de radio que no se sostenía con las donaciones, escribía, leía, atendía a los feligreses, tomaba algunas clases de inglés e iba a los programas para que me hicieran algunas entrevistas; atendía a mis dos primeros hijos en la noche cuando eran pequeños y se despertaban para que les diera la leche.

Aparte de todo eso, mi hija Wesserline sufría de frecuentes pesadillas nocturnas y muchas noches tenía que pasar toda la noche tratando de dormirla. También tenía que sobrellevar los estados emocionales de mi esposa que estaba sufriendo de depresión postparto. Salía cuando nadie se había levantado y llegaba cuando todos se habían acostado. Sólo estaba pensando en cómo ser un buen proveedor para mi familia y cómo hacer la diferencia en este país.

Pero una noche después de llegar tarde, mi esposa comenzó a pelear y a exigir, entonces le grité fuerte diciéndole algunas palabras muy hirientes. Ella se puso a llorar, sus manos se le doblaron y su cara se transformó, perdiendo la conciencia por unos minutos. El temor y los sentimientos de culpa me invadieron al punto que no podía controlarme. Esa noche la cuidé y la llevé al médico, y aunque todo estaba bien para ella, para mí no lo estaba. No quería que ella supiera lo que le había pasado. Yo había trabajado con mis técnicas psicológicas para desviar su atención y para que no supiera la verdad de lo que había sucedido. Tampoco de lo que a mí me pasaba, pues no quería que se fuera a enfermar y fue así como comenzó todo.

Cuando hablé con mi amigo decidí por un tiempo dejar los programas, alejarme de las entrevistas, dejar de dar conferencias y sólo dedicarme a visitar a las personas en sus casas y darle tiempo a mi familia. Comencé a llevar a mi esposa donde vivían sus familiares, a visitar algunos amigos que teníamos olvidado, y a ayudar en lo que podía. Muchas veces, cuando estaba en la casa de alguien, sentía que no podía soportar más y que me iba a desmayar. Algunas veces ya no soportaba más y tenía que pedir permiso e irme, pero seguí haciéndolo hasta que todo desapareció.

Cuando me sané, me fui de vacaciones con mi esposa y mis niños a la República Dominicana por 21 días y todo fue historia de ahí en adelante. Hoy en día puedo hacer muchas cosas, pero nunca me olvido de estos principios que aprendí en momento tan difíciles. Siempre saco tiempo para visitar a algún amigo; siempre saco tiempo para mi familia y siempre trato de ayudar a alguna persona que necesite de mí. Esto para mí es lo más importante.

Muchas veces, cuando participo en un programa de radio o televisión, algunas personas con problemas me llaman y me preguntan cómo pueden tener mis servicios; me cuentan de su necesidad de recibir ayuda espiritual o emocional, y hago una cita con ellos. Y luego que me preguntan cuánto les

> *«Dale a otro de gracia, lo que de gracia recibiste.»*

voy a cobrar, les digo que mi paga es que ellos hagan lo mismo por alguien más. «Dale a otro de gracia, lo que de gracia recibiste.»

Querido lector, esto parece tonto pero es una poderosa medicina para el alma: preocuparte por otros comenzando con los que están más cerca puede cambiar tu vida, porque desviará los pensamientos de tus problemas para enfocarlos en soluciones.

Yo concluyo este capítulo diciendo que el hombre da lo que tiene y tiene lo que piensa, nada más y nada menos. El hombre es una luz, pero ésta solo se enciende cuando pensamos de manera positiva y nos desenfocamos de los problemas. Toda persona de la índole que fuera cuando se siente en oscuridad debe cambiar su manera de pensar y si hace esto su vida cambiará.

El poder de la luz

Capítulo 6

La energía que sale de la boca

Ya hemos dicho que los seres humanos estamos cargados de luz y que somos una fuente de energía. Debido a que el hombre fue hecho a imagen del Creador, podríamos decir que la esencia de Dios es energía, y ésta es una de las razones por la que todo lo que Él ha hecho está cargado de ella.

Se dice que un ser humano podría tener más energía que la que se usa para encender una ciudad, porque el hombre no sólo tiene energía en todo su cuerpo sino que también la genera. Esto es muy importante de entender porque ésta es la base del poder de Dios, el poder del Universo y el poder del hombre.

Hay momentos cuando yo rozo un objeto con mi cuerpo y sale un rayo de luz, esto sucede porque se produce una corriente de energía que activa una fuerza. Esta fuerza en mayor potencia se puede ver cuando las nubes al rozarse producen rayos o una descarga eléctrica que podría matar a una persona o animal.

La energía tiene el poder de hacer que el mundo subsista, pero también tiene el poder de hacer que éste desaparezca. Con la bomba atómica o nuclear se puede destruir la Tierra. Richard Feynman dijo: «La energía en un solo metro cúbico de espacio es suficiente para hervir todos los océanos del mundo».

En esta introducción yo estoy hablando de la energía física que se siente en el corazón, en el cuerpo, en el cerebro y en los diferentes órganos del cuerpo. Esta misma energía se siente en el espacio, y en el amplio y poderoso Universo.

Pero hay una energía que va más allá de la comprensión de muchos, es la energía de las vibraciones. Se considera vibraciones a la energía que se mueve en un ambiente y que puede producir cambios o tensiones.

Partiendo de esta sencilla explicación yo digo que

cuando hablamos de esta energía, la de las vibraciones, estamos hablando de fuerzas que pueden trastornar el ambiente y que pueden hacer que éste se torne agradable o desagradable.

Los espíritus producen vibraciones. Esto no suena muy científico, pero no tengo ninguna intención de que lo sea. Digo esto porque creo que hay fuerzas y leyes ocultas que rigen el Universo y también hay espíritus ocultos que se mueven en él. Estos viven en una dimensión distinta a la nuestra y sólo llegan a través de la invocación, la fe y las vibraciones de las emociones, los pensamientos y las palabras.

> *Se considera vibraciones a la energía que se mueve en un ambiente y que puede producir cambios o tensiones.*

Cuando tú tienes una emoción, sea negativa o positiva, ésta no sólo te afecta a ti sino también a las personas que están cerca tuyo. Entonces, si mis emociones pueden afectar a otras personas quiere decir que éstas son algo más que un sonido que sale de un sentimiento interior, también se manifiestan.

Una vez conocí a una joven en Dallas, Texas. Ella me

buscó después de una conferencia para hablarme de lo depresiva que estaba y de cómo se sentía por los diferentes conflictos que estaba pasando. Desde que ella se acercó a mí, sentí una profunda tristeza y un fuerte cansancio. Ella aún no me había hablado, no me había contado sus problemas, y ya sentía el peso de los mismos. Esta persona poseía un espíritu de depresión que causaba que toda la energía de su entorno cambiara para mal, haciendo que las personas se sintieran afectada por la misma.

¿Por qué yo hablo esto sí debería estar hablando de las palabras? Porque si creemos que las palabras tienen poder y que éstas pueden producir cosas, tenemos que entender de dónde proviene el poder y la razón del porqué las palabras son más que simples letras y sonido. Debes entender que éstas no sólo causan vibraciones, sino que pueden cambiar las vibraciones. Lo que estoy diciendo con esto es que las palabras pueden hacer que tu destino cambié para siempre.

Las palabras son espíritu

Esto significa que son más que sonidos y que obran oculto de la vista. Ésta obra en otra dimensión. He oído a científicos hablando de que es posible que haya un mundo paralelo al nuestro. Yo no dudo nada sobre cualquier teoría científica. Sé que hay otros mundos físicos y entiendo que hay otros espirituales. Las palabras llegan a los dos. Jesús enseñó a las personas que le escuchaban sobre el poder que tienen las palabras cuando dijo: «Mis palabras son espíritu y vida». Aquí no está diciendo que dan vida o que tienen vida, sino que son vida, y eso es lo que son.

Número uno: La palabra es un espíritu. ¿Qué es un espíritu? Un espíritu es una fuerza oculta. Esta fuerza se manifiesta a través de la energía, las vibraciones, las palabras y las emociones. ¿Por qué? Porque los espíritus no pueden ser visto por el ojo humano. Esta fuerza se puede manifestar de manera positiva, como una fuente de bondad y amor.

Un ejemplo es Dios. «Dios es espíritu, y los que le adoran deben adorarlo en espíritu y verdad.» Lo que quiere decir es que sólo podemos sentir sus vibraciones, sus bondades, sus milagros, su amor, su poder y sus manifestaciones, pero nunca Su cuerpo o Su carne pues no lo tiene. Dios puede traer todo de lo espiritual a lo natural, del mundo invisible al visible, pero en esencia no es natural, ni es carne o sangre.

Los demonios también son espíritus y sus manifestaciones son semejantes, pero son una fuerza negativa. Muchos creyentes le echan la culpa a Satanás de todo lo malo que les pasa, pero se olvidan que no pueden echarle la culpa a un espíritu de nada, ya que el espíritu aunque tiene poder en sí mismo, vida en sí mismo, no puede manifestarse si no le es permitido por las fuerzas que lo empoderan.

Un ejemplo de esto es Dios, quien es todopoderoso, pero no se manifiesta en lo natural sino es por la fe. Dios es amor, pero no ayudará a tu matrimonio a menos que le des entrada a tu vida.

De este principio parte la principal explicación a las preguntas del hombre, tales como: ¿Por qué mueren tantos en la guerra? ¿Por qué murieron tantas personas en las Torres Gemelas de New York? ¿Dónde estaba Dios cuando pasó esto y aquello?

Él es espiritual y siempre obrará en lo espiritual. Sólo se manifestará en lo natural con la ayuda del hombre, el cual es el ser que Él designó para vivir y reinar en lo natural.

Si esta es la verdad para Dios, quien lo creó todo y que puso estas leyes, cuanto más para el espíritu de las tinieblas. Él no podrá hacer nada malo en tu contra, excepto con tu permiso. Y el permiso es dado sólo a través de las fuerzas espirituales. Así como hay fuerzas espirituales que mueven a Dios, hay fuerzas espirituales que mueven a Satanás. «Porque no tenemos lucha contra carne ni sangre, sino contra potestades de las tinieblas.»

Mi creencia es que hay fuerzas que se mueven en las tinieblas y otras en la luz. Pero cuando hablamos de las fuerzas que fueron creadas por Dios para manifestar su bien, éstas dependerán de cómo el hombre las use porque estas fuerzas tienen el poder de penetrar tanto a la luz como a las tinieblas.

> *Cuando una palabra se dice o se declara, el espíritu que acompaña esa palabra se moverá para que ésta cumpla su propósito.*

Ahora no tengo tiempo para explicar eso, tampoco es mi intensión darte un curso de Teología. Lo que quiero que entiendas es que hay fuerzas espirituales y que hay espíritus que las aprovechan. Como le llame a esos espíritus no cambia el hecho de que existen.

Número dos: Las palabras son vida y están vivas, y si están vivas, se mueven, se reproducen y tienen energía, ya que todo lo que está vivo tiene energía. Debido a que las palabras son «espíritu vivo» tienen un propósito y un nivel de conciencia. Es por eso que cuando una palabra sale de la boca produce un efecto para bien o para mal, para vida o para muerte, para bendición o para maldición.

Cuando una palabra se dice o se declara, el espíritu que acompaña esa palabra se moverá para que ésta cumpla su propósito. De ahí que la maldición o la bendición de la palabra que fue dicha sobre ti mismo o sobre otro sólo pueden ser anuladas por otra palabra de mayor fuerza y magnitud.

Grandes líderes han creído esto

Si comienzo a mencionar los nombres de los hombres que a lo largo de la historia usaron sus palabras para lograr su propósito, seguramente no cabrían en este libro. Es por eso que sólo te mencionaré algunos nombres y los más conocidos en el contexto actual. Los grandes hombres primero se ganaron ellos y sus bocas antes de ganar a la gente.

Todos los hombres que quedaron registrados en la historia como libertadores o propulsores de un mundo mejor enfocaron sus palabras hacia lo positivo, el amor y la paz, pero también no podemos ignorar que muchos hicieron lo mismo hacia la violencia, el odio, el racismo etc. y tuvieron un país libre de un poder para sumergirlo en la esclavitud del que surgió. Muchos de los líderes que usaron sus palabras para simplemente obtener un cambio de gobierno se vieron envueltos en una secuencia de golpe de estado, asesinato y muerte, porque los muertos no pueden dar vida, sólo los vivos tienen poder sobre los muertos.

La boca tiene poder y hay que usarla para el crecimiento y el bien del otro. Martin Luther King, quien ganó el premio Nobel de la Paz y fue un gran defensor de los derechos humanos en los Estados Unidos, sabía cuánto poder

> *La boca tiene poder para matar o dar vida. Si comienzas a quejarte de lo que no tienes... Si dices cosas degradantes contra ti y los demás, eso tendrás.*

tenían las palabras al decir: «Nada se olvida más despacio que una ofensa».

El problema de la ofensa no es la ofensa en sí misma, sino la palabra que la acompaña. Recuerdo que le presté 50 mil dólares a un bodeguero que se hizo pasar por mi amigo. Todos los meses debía darme una cantidad hasta pagarme el dinero con un poco de interés, pero a los tres meses ya no siguió pagando. Después de un año tratando el caso, la conversación llegó a su final y lo peor de todo es que descubrí que no sólo le faltaban las ganas de pagar, sino que también era un desconsiderado y charlatán.

Me dijo: «Tú eres un ladrón, porque los pastores son todos ladrones». A este hombre no sólo le había puesto en sus manos una suma muy grande de dinero, sino que aunque no estaba cumpliendo con el trato lo trataba como a un amigo, le ayudaba en sus lamentaciones, le daba consejería a las hijas, la esposa, etc. O sea, todavía nos tratábamos como familia. El dinero no había hecho ninguna separación en nosotros.

Pero en el momento en que me dijo eso, más la amenaza de muerte que me hizo, nos separamos para siempre. La ofensa de su boca tuvo más poder que la cantidad de dinero o el incumplimiento del compromiso.

En todo lo que hacemos esta premisa es una realidad: las palabras tienen más poder que la materia. «Si tuvieras fe como un grano de mostaza y le dijeras a los montes trasládense, se trasladarían.» La palabra que sale de la boca sale con el poder de hacer que la materia se mueva. Esto nos permite decir que en el mundo de lo sobrenatural el problema no es la materia, sino el hombre de poca fe que se detiene ante la misma. Para el hombre que sabe del poder que hay en su boca, la realidad no existe.

La luz de un hombre que quiere ser un líder está en que sabe lo que quiere y sus palabras se alinean a ese propósito. Ningún hombre es mayor que otro. La diferencia entre un hombre y otro es la creencia de sí mismo y las palabras que usa.

Mahatma Gandhi expresó: «Una persona mayormente se convierte en lo cree que es. Si yo sigo diciéndome que no puedo hacer algo, es posible que termine siendo incapaz de hacerlo.»

El líder más grande de los hebreos fue Moisés. Él fue el elegido por el «Yo Soy» para liberar al pueblo de Israel de la esclavitud en la que se encontraban por más de 400 años. El relato dice que cuando el gran «Yo Soy» se le presentó, Moisés comenzó a quejarse de que no sabía hablar, y según él esto lo descalificaba para la tarea. Moisés sabía lo importante que era para un líder el buen uso de las facultades del habla, pero lo que él ignoraba en ese entonces es lo que ya el Eterno sabía y lo que Dios sabía era que el poder de las palabras no está exactamente en las habilidades, aunque estas tienen su efecto, sino en las creencias.

Ninguna palabra tendrá poder de hacer un cambio duradero sino está basada en una convicción interna.

El poder de la luz

La mayor parte del relato del llamamiento de Moisés presenta a Dios tratando de convencerlo de que él era el hombre indicado para la tarea. En este intento el Eterno le entregó a Moisés una vara, la cual fue su instrumento para convencerlo de que él estaría con Moisés para vencer a los egipcios. Pero cuando seguimos la historia, vemos que la gran batalla de Moisés no fue en contra de los egipcios sino con su mismo pueblo, que se quejaba todo el tiempo de haber salido de Egipto.

Es por eso que me atrevo a afirmar que aunque el instrumento de poder sobrenatural que Dios le entregó a Moisés estaba representado en una vara, la mayor lucha que libró él no fue con éste sino con sus palabras. Todo el tiempo de su liderazgo con los israelitas estuvo usando sus palabras para vida o muerte, bendiciendo o maldiciendo. Con éstas sobrevivió a un pueblo rebelde, con el cual tuvo que lidiar por 40 años y con ellas venció todos los obstáculos del desierto.

El líder más grande que ha tenido el mundo fue Jesús; y no lo digo yo, sino los logros y la cantidad de sus seguidores. Nació en una nación insignificante para el Imperio romano, sobre eso le sumamos que no era de la élite del gobierno de su nación, mucho menos tuvo el apoyo de ellos. Sin embargo, sembró tan profundamente en los corazones de sus discípulos Sus palabras y Su visión, que Su enseñanza es la que tiene más seguidores en el mundo. Sus convicciones fueron las que le dieron el poder a sus palabras. Él se declaró como «La Luz de la vida» «La Luz del mundo», «La Resurrección y la Vida» «La Sal de la tierra».

> *Las quejas no resuelven los problemas, al contrario los empeoran.*

Su historia dice que un día se paró frente a la tumba de un muerto de cuatro días, y le dijo: «Lázaro, sal fuera».

Los estudiosos de los textos sagrados dicen que la razón por la cual Jesús mencionó el nombre de Lázaro fue por el poder de sus palabras; de no haberlo hecho, todos los muertos habrían resucitados.

Tú puedes negar este hecho, pero nadie puede negar que sus discípulos quedaran tan convencidos de este poder que hacían lo mismo. A ellos, Él les dijo: «Todo lo que digan con su boca les será hecho».

En los tiempos oscuros de la religión y la tiranía se perdió la convicción de este poder y los cristianos comenzaron a ser personas de creencias doctrinales, pero no «conviccionales».

Hoy en día Dios ha estado revelando este poder que había quedado oculto en el vientre del monstruo llamado «Religión» y los que entienden que el deseo de Dios para sus hijos es un mundo mejor están aceptando y practicando el poder de las palabras. Creo firmemente que a través de este poder volveremos a ver a los muertos resucitar, a los enfermos sanar y muchos no verán la muerte como le sucedió a Enoc y Elías. El poder de Dios está en tu boca y puedes ser un hombre y una mujer que te inmortalices en la eternidad y la historia si lo comienzas a usar.

El poder de la vida y la muerte

«El poder de la vida y la muerte está en la boca.» En la Iglesia «Palabras de Vida» en El Bronx, New York, conocí a un conferencista que disertó sobre «El tercer día». En el transcurso del mensaje contó su historia. Esta me llamó la atención y decidí incluirla en esta enseñanza. Cuando él tenía unos doce años de edad fue incluido en los juegos de soccer de su escuela; como jugaba bien consideraron que haría un trabajo extraordinario allí. Así él relata la experiencia que vivió a esa edad:

«Cuando llegué al equipo, todo el mundo tenía un sobrenombre. A uno le decían "Rambo", a otro "Pelé", etc. Cuando me vieron me llamaron "Memín"; todo el mundo se olvidó de mi nombre y comenzó a llamarme "Memín". El nombre corrió como el fuego en la pólvora.

»Al principio estaba orgulloso porque pensé que ese nombre habría de ser por mis cualidades. "Memín" tendría que ser un personaje muy famoso, y era verdad. "Memín" era muy famoso, pero el nombre no me lo dieron por la fama de "Memín", sino por lo feo que era. Si tú nunca has visto a "Memín" sería bueno que fueras a Google y pusieras ese nombre, entonces sabrías de lo que estoy hablando.

»No sé lo que pasó, pero desde el momento en que me enteré del aspecto de "Memín" comencé a vivir cabizbajo, con muy baja autoestima y sin ningún valor propio. Mi cuerpo continuaba creciendo y mis problemas también. Una fuerte depresión comenzó a hacerse dueño de todo mi ser.

»Comencé a creer que en verdad era "Memín" y no podía cambiar ese nombre. El nombre se había personificado en mi persona. La gente me llamaba por ese nombre, tanto a los viejos amigos como a los nuevos el nombre les parecía gracioso.

Un día miré a una joven y pensé que tenía como todos

los demás el derecho de enamorarme, me animé y le pregunté si quería salir conmigo. Me sorprendió su respuesta, pues inmediatamente ella me dijo: "Claro que sí, 'Memín'." Le pregunté a qué restaurante quería que la llevara. "No, ven el sábado a las 7:00 de la noche a mi casa que la casa estará sola". "¡Fantástico!", dije. Nunca pensé que las cosas iban a ir tan bien.

»El sábado me vestí bien y me fui a la casa de la joven, a las 7:00 en punto estaba tocando la puerta. Metí el dedo en el timbre y esperé, pero nadie salía. Lo hice una y otra vez, pero nadie salió. Entonces me di cuenta del significado de la respuesta de ella: "El sábado a las 7:00 de la noche la casa estará sola". La joven me tomó de tonto, ¡no estaba! ¡Era demasiado bueno para que fuera verdad!

»Desde ese día el complejo de inferioridad fue en aumento. La vergüenza que sentía, la frustración de la burla y los amigos que me seguían diciendo "Memín" era insoportable. Todo esto hizo que tomara una decisión: quitarme la vida.

»Debido a que mi padre era pastor y casi todos los días tenía servicios en la iglesia, decidí hacerlo un jueves por la noche mientras estaba sólo en mi habitación, pues ese día no había actividad.

»El jueves llegó y mi plan de suicidarme estaba en pie. Pero algo inesperado pasó, un predicador llegó a la ciudad y mi padre decidió hacer un servicio esa noche. Llamó a todos los feligreses y les comunicó que esa noche debían ir a la iglesia. Entonces me dije, está bien lo haré cuando regrese, más tarde o más temprano da igual.

»Llegué a la iglesia y como siempre me senté en el centro, tenía mucho complejo como para sentarme atrás y mucha baja autoestima como para hacerlo delante. Lo hacía en el medio sabiendo que allí nadie me notaba.

»El predicador comenzó y yo casi me dormía. Era un orador lento y cansino, pero el hombre hizo algo que me hizo levantar la cabeza. Dijo: "Cuando un hombre tiene intimidad con su mujer, éste deposita dentro de ella millones de espermatozoides y cuando esto ocurre, todos corren tratando de alcanzar el óvulo primero. Pero sólo uno llega y ése eres tú." El predicador me señaló a mí. Estaba sorprendido al ver a alguien hablando de sexo en la iglesia, pero más lo estaba porque el hombre entre todos los que estaban en el lugar me señaló a mí. Me miró profundamente y continuo: "Tú, que te sientes inservible, te ves feo y tienes complejos, quiero decirte que Dios te creó para que seas un triunfador. Entre todos tú llegaste primero; o sea que antes de nacer ya tú eras un vencedor."

»Estas palabras me despertaron y me sacudieron. ¡Sí! Yo era esa persona con un propósito y no estaba sobrando en el mundo. ¡Nunca fui un fracasado! Antes de la concepción, ya había participado en una maratón y había ganado. Luché con todos los demás espermas para llegar primero y cuando llegué, rompí el óvulo con fuerza y me convertí en un ser viviente.

»Desde ese día decidí ver lo bueno de la vida. Me levanté y decidí seguir viviendo. Cuando llegué a la escuela, los amigos volvieron a decirme "Memín", pero les dejé bien en claro cuál era mi nombre y cómo debían llamarme. Tenía un nombre y debían respectar eso.»

Al escribir este libro quise narrar esta historia por la gran enseñanza que tiene sobre lo que estoy hablando. El poder de las palabras y el poder que tienen éstas para dar vida y muerte. Cuando a este joven le hicieron sentir que no valía nada, cuando le llamaron «feo», cuando usaron palabras despectivas en su contra, él comenzó a morir.

Pero cuando éste recibió una palabra que le dio sentido a su existencia, se levantó con la fuerza de un búfalo. Yo lo escuché durante una hora y media, y la verdad es que es súper talentoso. Pero todo ese talento se hubiese muerto si alguien no lo hubieron señalado y le hubiera dicho que era todo lo contrario de lo que había escuchado y lo que él creía de sí mismo.

El poder de la vida y la muerte está en tu boca. Yo te pregunto: «¿A cuántas personas habrán ya matado con ellas empezando contigo mismo?»

En la historia del éxodo israelita se cuenta que había unas tres millones de personas cuando salieron de Egipto a la tierra que Dios les había prometido, pero para llegar allí debían cruzar un gran desierto. Todos estaban muy felices, bailaban y cantaban hasta que enfrentaron su primer obstáculo. Desde ese momento comenzaron a quejarse, diciendo: «Hubiéramos querido morir en Egipto y no venir a morir a este desierto, que no es lugar de sementera, ni de higuera, ni de comida y mucho menos de agua para que bebamos». Y viendo a Moisés le dijeron: «¿Por qué nos trajiste a morir a este lugar, no había sepulcros en Egipto?»

Ese día los Israelitas declararon cuál era su destino. Y así fue, todos los que tenían más de 20 años murieron, excepto dos de ellos, Josué y Caleb. Ellos tenían una mentalidad distinta y cuando los demás vieron los obstáculos y los enemigos se maldijeron a sí mismos diciendo: «Sabemos que vamos a morir aquí, no pasaremos ese Jordán». Pero

Josué y Caleb dijeron: «Lo haremos, pues más podemos nosotros que ellos». Este es el poder de las palabras. Tú puedes creer que éstas no tienen sentido, pero no lo es ya que hay miles de ejemplos similares como el que plantee: personas que han vivido por una palabra, y de otros que han muerto por la misma.

Un ejemplo sobre el poder de la palabra es el de Benson Idahosa. Este tenía tanto poder en la boca que los muertos resucitaban y todo lo que él decía se cumplía. Su muerte fue un poco extraña, y hasta tonta.

Cierto día se encontró con un amigo y le dijo: «Cualquiera que se beba esta Coca Cola caerá muerto». Él se la bebió y murió. La boca tiene poder para matar o dar vida. Si comienzas a quejarte de lo que no tienes... si dices cosas degradantes contra ti y los demás, eso tendrás. Evita las palabras que dan muerte y enfócate en pronunciar todas las que están cargadas de vida.

Las palabras alimentan tu propósito

La pregunta que debes hacerte es: «¿Cuál es mi propósito?» Propósito es la pretensión o la intención de algo que queremos lograr. Cuando digo que las palabras alimentan tu propósito, me estoy refiriendo a este hecho.

Las personas se proponen muchas cosas en la vida, pero en el camino renuncian y la abandonan, abortando su razón de vivir. ¿Por qué? Porque la mente ataca el propósito con las creencias limitantes del subconsciente. He visto esto una y otra vez.

Cuando estaba en la Universidad conocí a Víctor y a María. Víctor era de padres de bajos recursos y ella se había criado en un hogar para huérfanos que quedaba a pocos kilómetros de la Universidad. Los dos fueron a la Universidad tratando de tener un futuro mejor. Para comenzar, en la Universidad tuvieron que trabajar un año como «industriales», este era el nombre que nos daba la Universidad a todos aquellos que carecíamos de recursos y debíamos pagar nuestros estudios trabajando un año en la Universidad. Ella trabajaba en la lavandería y él en la panadería. Allí se conocieron, comenzaron a conversar y pronto se enamoraron.

Cuando su «año industrial» terminó, comenzaron la Universidad y terminaron su primer año. Él estudiaba psicología y ella, magisterio. Estos jóvenes y yo llegamos a ser muy buenos amigos debido a que juntos habíamos pasado el mismo proceso para comenzar nuestras respectivas carreras universitarias. Pero en el verano siguiente salimos hacia la ciudad de Santiago, a trabajar en la venta de libros. Él propósito era ganar lo suficiente en los tres meses de verano para pagar el próximo año de Universidad, evitando tener que volver a trabajar de «industrial» o que no pudiéramos volver a clase por falta de recursos.

Víctor estaba demasiado enamorado de María como para ponerse a trabajar tan fuerte. Lo único que pensaban era en estar juntos y comenzaron a dar las escusas que las personas fracasadas dan cuando están delante de un compromiso. «Es que no sabemos vender; eso no es para nosotros; es muy difícil; eso es una injusticia; es que no vale la pena trabajar tanto para que un grupo de sabios vivan bien a costilla nuestra; muchos profesionales ni siquiera tienen trabajo, etc.»

Cuando terminó el verano ya no pudieron entrar a clase. Cuando me iba para comenzar mi próximo semestre vi a Víctor en la oficina, estaba devastado y muy amargado. No podía entender que después de haber trabajado tan duro para comenzar sus estudios, ahora no pudiera seguir. Yo lo animé a seguir y le dije que no tenía que dejar sus estudios, que en su lugar hubiese preferido volver y trabajar otro año más en el recinto, y que no me rendiría. Pero Víctor me dijo que se quedaría en la ciudad de Santiago, ya que él y María tenían otros planes. Y era verdad, pronto escuché que María estaba embarazada.

Nunca más los vi, y no siguieron sus estudios que le habían costado tanto comenzar. ¿Por qué? Porque lo que tú enfocas es a lo que tú le hablas, y lo que tú le hablas se convierte en la fuente de tu creación. Víctor hizo todo para comenzar sus estudios, mientras no estaba enamorado de María. Pero una vez esto pasó, se enfocó en ella y menospreció todo lo que le rodeaba y hacía. ¿Por qué? Porque sentía que todo aquello lo alejaba de la mujer que amaba; que siendo ella criada como una huérfana y no teniendo a nadie que le haya dado amor se aferró de Víctor y teniendo miedo de perderlo, lo convenció de casarse antes de todo.

Cuando las personas ya no quieren hacer algo, hacen dos cosas. La primera es criticar y buscar razones para justificar por qué no hacen lo que deben hacer. La segunda es carecer de poder para lograrlo, porque cada vez que abren su boca sólo hablan de su frustración. Háblale a lo que quieres y no a lo que no quieres. Las personas se quejan todo el día por lo que no pueden lograr o conseguir. Se quejan de sus limitaciones y de la poca posibilidad para hacer algo, pero esto no les ayudará a alcanzar lo que tanto anhelan. Nadie ha llegado lejos quejándose. Las quejas no resuelven los problemas, al contrario los empeoran. Cada día desde que amanece, háblale a lo que quieres. Di: «Soy dichoso, soy bendecido, vivo una buena vida, no tengo deudas, el dinero viene a mí con abundancia, soy bueno para conseguir dinero, todo el que a mí se acerca prospera, todo lo que toco se multiplica, tengo un buen matrimonio, tengo buenos hijos, tengo un padre que me ama, mi Dios ha preparado todo para mí desde antes de nacer, nadie me puede detener porque él está pendiente de mí y cuida de que mis enemigos no me hagan daño, nadie me puede engañar, soy feliz, vivo en abundancia, tengo un cuerpo saludable.»

Declarar las bondades de Dios para ti es la clave para vivir una vida mejor. Debes aprender a declarar palabras de bien y no de mal. Cuando te enfocas en los males, hablarás de ellos y los atraerás a ti con el poder de tu boca. Diariamente veo personas que ante la primera dificultad comienzan a quejarse y a maldecir. Reniegan de la vida y se lamentan todo el tiempo de su mala suerte o de sus pocas oportunidades. Pero lo que ellos no saben es que están atrayendo hacia sí más de esto. Lo que tú invocas, hablas y maldices, eso se hará.

Cuando estoy en el gimnasio aprovecho ese momento para declarar palabras de bien sobre toda persona conocida. Hablo a su vida y lo bendigo. Esto parece algo tedioso, pero es muy necesario. Primero, comienzo a declarar que sus vidas van a ser grandemente bendecidas y que les va a ir bien en todo lo que se propongan.

Segundo, declaro sobre ellos una ligadura a mi espíritu; esto lo hago mencionando los nombres de cada uno de ellos y diciendo: «Señor o Señora X, yo te amo o perdono». Esto ha causado que mejore mucho el trato en mis relaciones, pero también ha permitido que mejore el trato de ellos hacia mí.

Pero tú dirás: «Pero Wilson, esto no tiene sentido. ¿Por qué decir que eso mejoraría una relación con una persona que no está presente cuando tú le hablas?» Porque cuando yo mejoro, todos mejoran; cuando yo amo, todos aman. Mis relaciones mejoran porque yo le estoy hablando a mi interior y le estoy diciendo al subconsciente que debo amar, perdonar, aceptar a esa persona; pero también, le estoy diciendo que soy responsable de cualquier problema que haya en la relación.

Otra razón por la que la relación comienza a cambiar o se fortalece es porque las palabras son espirituales y al declarar esas palabras, el mundo espiritual se encargará que ocurra lo que estoy declarando. Ellos no necesitan estar, yo y Dios somos los testigos y Él se encargará de hacer cumplir mis declaraciones.

En este capítulo he tenido el objetivo de llevarte a un nivel de percepción donde las palabras salgan de tu boca de manera consciente, sabiendo que éstas tienen el poder de la luz y la oscuridad, de la vida y la muerte, de la bendición y la maldición.

Hay un poder en tu boca y debes aprender a usarlo. El poder ya está en ti. El Creador lo puso allí. Tú puedes decidir no hacer nada, seguir hablando como siempre lo has estado haciendo o comenzar a vivir de manera intencional, declarando lo que realmente deseas para tener la vida que tanto anhelas. «Porque la Palabra es como una espada de dos filos, que entra hasta penetrar el alma, los huesos, los tendones, los hábitos y las intenciones del corazón.»

Capítulo 7

La energía que exhala vida

Las palabras salen de la boca, pero no se producen en ella, sino que se originan en lo más profundo del corazón. Pero lo más importante de este poder es que la energía fue lo que le dio existencia a todo lo existente.

En el relato de la Creación del linaje adánico, se escribe lo siguiente: «Entonces el SEÑOR Dios formó al hombre del polvo de la tierra, y sopló en su nariz el aliento de vida; y fue el hombre un ser viviente». Debido a que toda la creación fue hecha con el poder de la palabra, el hombre no podía ser una excepción. Pero entrando en la teología, el hecho de que el relato dice que Dios «formó» al hombre hace que muchos piensen que el hombre no fue hecho con la palabra, sino que con sus manos Dios hizo un muñeco de barro sin vida y luego sopló sobre él un aliento que lo hizo un ser viviente.

No es mi intención polemizar ninguna tradición, pero para que podamos crecer en el mundo del conocimiento es necesario saber la verdad y esa verdad nos da la libertad para poder operar en un mundo de grandes poderes como es la palabra. Las palabras son un mundo de magia. La magia la puedes usar como magia negra al maldecir, criticar o declarar palabra de mal contra alguien. Esto es de crítica, de murmuración, de calumnia, etc. Las palabras son mágicas, pero si hablas para atemorizar, sojuzgar a los demás o robarle su talento, su libertad, sus iniciativas, estarás manipulándolas para tu propio propósito. Tu magia se estará convirtiendo en magia negra. Toda palabra de mal es magia negra.

Exhala con el poder de tu boca

El Eterno hizo todo con el poder de la palabra. La palabra «exhaló, sopló» es otra manera de decir, «declaró». Me imagino que esto es una simbología o quizás una alegoría del escritor Moisés para cuidar y ocultar la palabra que Dios pronunció en esta creación maestra, de esa manera ese conocimiento no caería en manos del hombre y sólo se quedaría en la mente del Infinito.

¿Por qué digo eso? Porque el mismo soplo de vida que tiene el hombre lo tiene los animales, refiriéndome a la vida misma. Pero en cuanto a que al hombre se le dio una semejanza de Dios y se le dio una conciencia, entendimiento y un alma en la Creación, hay una diferencia entre lo uno y lo otro. Si el soplo que fue dado al hombre cuando era barro hubiese sido el mismo espíritu de vida que tienen los animales, significaría que la semejanza del hombre no es la de Dios, sino la de los animales.

Esta es la razón por la que digo que la palabra «exhaló» se refiere a una declaración especial hecha sobre el hombre, y es la razón por la cual el escritor dice: «Sopló en su nariz aliento de vida». En toda la Creación se usó la misma fuente: «La palabra»; pero a diferencia de toda otra creación, el hombre posee una mente como la de Dios. A este conocimiento Moisés lo llamó: «Aliento de vida», que es lo mismo que decir: «Conciencia divina»; o sea que este relato no tiene nada que ver con una exhalación de un soplo, un *ruash*.

Muchos piensan que sólo es una brisa, pero los griegos nunca lo vieron como una brisa sino como una entidad, una fuente interna de conocimiento y sabiduría. La palabra «sopló» habla de un espíritu y es ese espíritu exhalado que podemos llamar: «Palabra declarada». Jesús expresó esta verdad al decir: «Las palabras que yo os he hablado son espíritu y son vida».

La expresión de un mundo invisible

Las palabras son espíritu, es decir, la expresión del poder, la conciencia, el conocimiento, el ser y los pensamientos. Es la expresión de Dios que hay en que cada hombre.

Cuando una persona habla, no sólo sale un sonido, sino un nivel de conocimiento y conciencia que desenlaza lo que desea crear o lo que está creando en la vida. Lo que estás creando es lo que queda expresado en el aliento de tu boca. Estás creando tristezas, alegrías, soledad, fortuna, derrota, bancarrota, felicidad, amor, sabiduría, fe, o incertidumbre. En fin, todo sale del aliento de tu boca, todo es lo que tú expresas o has expresado.

Moisés, el primer caudillo de los israelitas, lo expresó así: «Y sopló en su nariz aliento de vida y fue el hombre un ser viviente», que podría traducirse: «Y fue el hombre un ser consciente». ¿Por qué se usa la expresión «en su nariz»?

Este término hace pensar que la vida es un soplo que podemos inhalarlo o exhalarlo por la nariz. Esto nada tiene que ver. La nariz aquí es sólo un símbolo, porque es exactamente el órgano con el cual el ser humano exhala e inhala el oxígeno que mantiene la sangre viva y los pulmones trabajando. Lo que en sí el término expresa es una alegoría de una verdad más profunda. La verdad es que sólo da vida o muerte lo que es inhalado a nuestro interior. Jesús, el Maestro nazareno, lo expresó así: «Porque del corazón provienen los malos pensamientos, los homicidios, los adulterios, las fornicaciones, los robos, los falsos testimonios y las calumnias».

Esto quiere decir que toda palabra que entra en nosotros se convierte en conceptos, creencias, virtudes, hábitos y sabiduría. Todo esto, cuando es formado por el poder de la palabra que viene de la boca de Dios, da vida, amor, paz, salud, felicidad, empoderamiento y esperanza. Todo lo que sale de la boca del Eterno es bueno, puro, y de buen nombre. «Es viva y eficaz.» Declarar una palabra de bien hacia alguien o algo es exhalar vida con el aliento de tu boca. La persona a la que se le declaró recibirá exactamente como le fue dicho. Por eso es que digo que con la creación del hombre el Infinito declaró una palabra desconocida, que hizo al hombre un ser superior a toda la Creación.

Exhala o inhala con el aliento de tu boca

Ya vimos que el Creador de todas las cosas lo hizo con la exhalación de su boca. Sin embargo, esta es «como una espada de dos filos». Tiene dos filos porque su objetivo está orientado en dos sentidos, para bien o para mal; también la percusión de ésta está dirigida de igual manera. Las personas suelen ser lo que otros dicen de ellos. O sea, que podemos declarar sobre las personas, los seres queridos y sobre los más pequeños lo que queremos sean, ya que estos y su formación tiene mucho que ver con lo que se declara. Pero esto no debería ser así ya que cada hombre debería saber quién es y saber que en él existe una conciencia única y superior, existe una semejanza a Dios. El filósofo danés Søren Kierkegaard dijo: «Si me nombras, me niegas. Al darme un nombre, una etiqueta, niegas todas las otras posibilidades que podrían ser. Encasillas a la partícula en una cosa, al nombrarla, al concertarla. Pero al mismo tiempo la estás creando, la defines para que exista.»

Las personas usamos las palabras a diario, pero no podemos ignorar el hecho de que siempre estas están ligadas a nuestro destino. Si bien es cierto que con ellas etiquetamos a alguien, también con ellas lo definimos y le damos una existencia.

En una serie de conferencia que estaba dictando en Fresno, California, se me acercó una señora. Ella había estado en Reno, Nevada, en unas conferencias que yo había dado. De Fresno a Reno habían pasado ocho meses.

La señora se me acercó, me dio las gracias y me entregó una carta que tenía en su mano.

Esto es lo que la carta decía: «Dios lo bendiga mucho. Millones de bendiciones para usted y su hermosa familia; bendiciones por su don y su profesión. Mi nombre es Ana Galán *(el nombre está cambiado)* y quiero darle la más infinita gracias porque por medio de sus conferencias pasadas me ayudó a librarme de mi pasado y de una herida profunda que estaba sufriendo desde niña. Ahora soy una mujer nueva, pues gracias a Dios y a usted que usó Su Palabra para reconstruirme y renovarme, nací de nuevo. Sus palabras me dieron vida. Gracias, muchas gracias de todo corazón. Es que ahora soy una mujer feliz, nueva y con muchos sueños, los cuales se convierten en la razón de vida. Le aprecio por lo que me dio y siempre lo tendré en mis oraciones. Éxito y gracias.»

Hay doy cosas importantes en esta declaraciones. La primera es que la señora, por su manera de hablar, se notaba que era una mujer creyente en Dios. La segunda es que las conferencias no eran religiosas, no estaban basadas en ningún credo, pero tampoco me acuerdo que en público o privado haya hecho una oración con tonalidad religiosa sobre esta mujer. Nunca la había visto, pero ella me conocía, se acordaba de mí y sabía que en ese evento que algunos religiosos pudieron llamar hasta «mundano», yo declaré sobre ella palabras de bien y éstas hicieron el trabajo correcto. No necesité mencionar a Dios para que el efecto se realizara. Quiero que me entiendan sobre esto porque no es mi intención generar una controversia teológica o religiosa. Lo que estoy diciendo es que las palabras en sí tienen la sustancia del que las creó y al poseer su sustancia, una vez que se pronuncian adecuadamente, los resultados son buenos porque están bajo el propósito inicial.

Cuando voy a los seminarios les muestro a las personas el poder de la palabra y el poder de la autosugestión. Pero a diferencia de algunos conferencistas que se quedan en la teoría, me gusta llamar a alguien del público para demostrar lo que puedo hacer con mis palabras. Y lo voy llevando de cosas pequeñas a cosas más difíciles hasta que al final termina durmiendo, acostado en el piso o haciendo cualquier otra cosa que le pida. Esto asusta a algunas personas porque le suena algo extraño y las creencias tienen el poder de encasillar de una manera impresionante.

Este poder es un poder universal. Es un poder divino dado por Dios al hombre, y que sólo es despertado a través del conocimiento de que somos sobrenaturales y seres espirituales. Este poder se activa con el renacimiento de una conciencia divina en nosotros y no importa si estoy delante de un público invocando el nombre de Dios o no invocando ningún nombre, sino que uso del mismo y los resultados son los mismos.

Es por eso que Dios desea que el corazón del hombre que ha de usar sus dones tenga una mente transformada, porque estos en la mano de una mente egoísta pueden ser usados para esclavizar y engañar en vez de bendecir.

Las personas que no pueden perdonar tienen que trabajar en su autoestima, porque o se sienten inferior a la persona que los ofendió o al hecho en sí mismo.

La otra cosa que puedo hacer es que las personas se conecten, sepan lo que sus compañeros están pensando y puedan hablarles palabras que tengan sentido a sus vidas, a sus propósitos o a situaciones diversas.

Este principio lo enseñó Jesús en el libro de San Juan, en el capítulo 14, en los versículos 19 al 21. Él dijo que todos estamos entrelazados y que los pensamientos y las verdades del Padre están en nuestros pensamientos y nuestras palabras, por lo tanto existen en nuestras mentes.

Sabiendo esto, lo único que tengo que hacer cuando llego a un lugar es usar este entendimiento. El entendimiento de quienes somos y de lo que poseemos es la principal arma para hacer que las cosas ocurran y para hacer que las cosas que declaramos con nuestra boca sean una ley y una verdad.

Cuando estoy en un lugar, sé que una luz atraviesa el espacio existente hasta chocar con mi cabeza, y que desde esa luz baja todo lo sobrenatural. Pero entiendo que sólo se manifestará a los hombres cuando lo declaro. Este es el poder de la boca, el poder de la vida y la muerte.

Cuando enseño esto en un lugar, los que están allí y lo creen, operan bajo el mismo poder que yo. Y comienzan a sentir, a experimentar y hacer cosas que ellos mismos se asombran de poder realizar. Esto le sucede porque la mayoría de las personas, aunque han escuchado tanto que el poder está en su boca, no creen o no tienen el entendimiento de que no está en la boca de alguien en especial, sino en la boca de todos.

El Hijo de Dios, el Cristo, nos dio ese nivel de conciencia, y lo demostró a sus seguidores al vivir en un mundo que supera el razonamiento de la mente humana. Él les declaró: «Y ustedes harán cosas mayores a las que yo hago».

También en el capítulo 13 de San Juan, Él dice que
este poder viene a través del conocimiento de que Él y
el Padre uno son, y que el que le cree a Él, al Padre le
cree. Uno de los grandes problemas que tiene el lector
común al leer las palabras de Jesús radica en que lee sus
palabras mirando a Jesús como un Dios hablándole,
olvidándose de que Jesús era
un hombre. Pero un hombre
que representaba lo que
el hombre debía ser, vivir,
conocer y hacer. O sea, la
«imagen del Dios invisible».

*Las emociones
negativas se
convierten en fuerzas
internas que nos
roban la libertad
y nos hacen vivir
postrados ante las
enfermedades y
el dolor.*

El primer conocimiento, el
que Adán y Eva adquirieron
del «árbol de la ciencia del
bien y el mal», hizo que el
ser humano viviera con un entendimiento nublado u
oscuro. El hombre había quedado bajo el poder de la
maldición, la muerte, las leyes de los hombres, la física, y
de la materia y el tiempo.

Siendo así, teológicamente hablando, Jesús nos enseñó
a vivir, hablar y actuar como un «*cristo*», que significa
«ungido». Al aceptar este nivel de conocimiento y
conciencia estamos aceptando que somos como Dios,

que estamos sentados en los lugares celestiales, que tenemos el poder sobre el sepulcro y la muerte, pues el cuerpo es sólo un envase y que el conocimiento divino sobre la eternidad supera todo lo no eterno, pues lo eterno está sobre toda limitación. El «Yo Soy» es ese conocimiento. Saber cuál es tu lugar y conocer que no tienes un abismo que te separe del ser de Dios, esto es lo que te hace un ser superior, un ser que todo lo que declare con su boca se cumple.

Recuerda, el conocimiento puede ser: «Eres un gusano, no eres nadie, no hay nada bueno en nosotros»; o puede estar enfocado en la verdad: «Yo soy, soy luz, soy verdad, soy bendición, soy liberación, soy amor, soy paz, soy la imagen del Dios invisible, soy una puerta, soy una conexión entre lo natural y lo sobrenatural, soy todo lo bueno, soy espíritu, soy el milagro, yo soy puente para traer la bendición, yo soy la sal, yo soy la solución de los problemas de la humanidad, soy el agua de vida, yo soy la esperanza, yo soy la posibilidad, yo soy la oportunidad.» Sobre todo lo dicho hay una lista que podría ser infinita y que puedes seguir añadiendo. Este conocimiento es la verdad.

Recuerda: las palabras tienen dos filos y no hemos de extrañarnos de que haya tantas personas en tinieblas y sin esperanza, ya que muchos deciden creer que no son nadie, declarando así todo tipo de maldición sobre ellos y sobre el mundo que les rodea. Si elijes el filo de la oscuridad y la mentira, tendrás muerte; si elijes el filo de la luz y la verdad, tendrás vida. Es fácil saber cuál es la mentira y cuál es la verdad. Todo lo que esté en contra de tu grandeza es mentira, y todo lo que te impulsa hacia lo bueno es verdad.

El poder de la luz

Capítulo 8

La amargura es tenebrosa y enemiga de la luz

L a amargura es un sentimiento oscuro que priva a las personas del amor y la paz interior. La amargura es causada por el odio, el odio a sí mismo y el odio a los demás.

Tú te preguntarás: «¿Podría una persona odiarse a sí mismo?» Claro que puede, todo comienza por la aceptación o negación de nosotros mismos. Muchas personas lo han perdido todo por no dejar atrás los rencores del pasado.

Estaba mirando la televisión y pasaron un avance de la noticia. Una mujer mató a su antiguo profesor, la razón fue porque cuando ella era pequeña éste había abusado de ella. Ella creció, se hizo profesional y lo mató; su sentencia fue de treinta años. Aunque esta mujer era profesional no pudo realizar su vida; su dolor, frustración y resentimiento no se lo permitieron.

El Eterno dio un mandamiento que tiene mucha relación con lo que digo, éste fue revelado en todas las disciplinas, filosofías y conocimientos espirituales: «Amarás al prójimo como a ti mismo». No podemos vencer la oscuridad con la oscuridad, así como tampoco el mal con el mal.

El gran defensor de los derechos humanos, Martin Luther King, expresó: «Devolver odio por odio multiplica el odio, añade una oscuridad más profunda a una noche ya desprovista de estrellas. La oscuridad no puede expulsar a la oscuridad: sólo la luz puede hacer eso. El odio no puede expulsar al odio: sólo el amor puede hacerlo.» El amor es el poder más duradero del mundo. Esta fuerza creativa, tan bien ejemplificada en la vida de nuestro Señor Jesucristo, es el instrumento más potente disponible en la búsqueda de la humanidad por la paz y la seguridad.

Es muy importante que entendamos que todo sentimiento destructivo hacia nosotros o hacia los demás, tiene que ver con la falta de amor; éste dirigido primero hacia nosotros y luego hacia los demás. Nadie puede hacer nada por nadie sino se ama primero. La amargura comienza con el odio hacia otro o con la falta de valoración propia.

El perdón

El perdón se extiende a tres dimensiones de la vida. La primera, es el perdón a nosotros mismos. La segunda, el perdón a los demás; y la tercera, saber que nuestro Dios nos perdonó de todo error que hayamos cometidos.

¿Qué es el perdón? Es librar a alguien de una obligación o castigo, perdonar una deuda. Renunciar a un derecho, goce o disfrute. Absolver, indultar, amnistiar, dispensar, disculpar, olvidar, eximir,

La amargura siempre tendrá una raíz; pero solo tú eres capaz de sacarla, y las herramientas para hacerlo son la luz del perdón y la esperanza.

exonerar, liberar, tolerar. Viene de la palabra hebrea *acad*. Es la acción de perdonar, es decir: de remitir la deuda, ofensa, falta, delito u otra cosa del perjudicado por ello. Remisión de la pena merecida, de la ofensa recibida o de alguna deuda u obligación pendiente. También del griego *airo*, este verbo quiere decir: quitar, llevar, cargar sobre sí, levantar.

Un ejemplo de esto es que antes de Jesús venir y cumplir su misión, tuvo un mensajero al cual le llamaron Juan el bautista. Éste al ver a su Maestro presentarse donde él le estaba hablando a la multitud, les dijo: «He aquí el Cordero de Dios que quita los pecados del mundo». El verbo que se usa aquí es «quitar», es *airo*.

No está de más decir que cuando las personas creen que tienen el derecho de quitarle el peso de la culpa a alguien están teniendo un acto de soberbia, proveniente del ego, por el cual el individuo que considera haber sido ofendido, en un gesto ostentoso, absuelve al supuesto ofensor. El perdón implica ofensa; es decir, que para que alguien pueda perdonar, primero tiene que haber sido ofendido. Pero como nadie tiene el poder para ofender a nadie a menos que uno le haya dado ese poder, resulta que, paradójicamente, el perdón nunca debería recaer sobre la persona que supuestamente nos ofende, sino en todo caso, sobre uno mismo, por haberle dado tan neciamente cabida a la ofensa.

Cada uno crea sus propios estados de ánimo, o, expresado de otra manera, los hombres no se perturban por causa de las cosas, sino por la interpretación de las mismas. El ofensor, por lo tanto, siempre es uno mismo: te ofenden porque te ofendes. Esta es la razón por la que digo que cuando una persona perdona una ofensa lo único que está haciendo es quitarse la ofensa para cargársela a otro. Este es el perdón que ofrecen de Dios.

Muchos han malinterpretado esta creencia y piensan que cuando Dios promete perdonar está diciendo: «Yo me ofendí y necesito un ruego, una súplica tuya para perdonarte». Pero es todo lo contrario, lo que Él le ofrece a sus hijos es: «Tú te heriste, te ofendiste, maltrataste a alguien o te maltrataste tú mismo, pero te amo tanto que no te puedo ver cargar tu ofensa, tráela sobre mí, yo me hago culpable, yo la cargo sobre mis hombros, para que tú seas libres».

Eso es perdón: llevar con gozo la ofensa de alguien para que éste no la lleve más. El perdón no absuelve a la otra persona, sino a nosotros mismos, porque éste tiene la intención de que tomemos la culpa de alguien y la aceptemos como nuestra, cargándola sobre nuestros hombres y tomando la total responsabilidad de nuestra vida y destino y dejando de sufrir por los males, los errores y las intenciones de los demás.

Aceptar y amar a los demás tal como son, es lo que llamo «perdonar». Sólo así podemos dejar ir el poder de la ofensa al llevarla sobre nuestros hombros y aceptándola como parte de los errores del pasado. Por lo tanto, como está en el pasado ya no puede dañar nuestro presente. La palabras «perdón» y «perdonar» provienen del prefijo latino *per* y del verbo latino *donaré*, que significan, respectivamente, «pasar, cruzar, adelante, pasar por encima de» y «donar, donación, regalo, obsequio, dar».

Me encanta la definición «pasar por encima». Primero, porque creo que una persona que no puede hacer eso no podrá perdonar. Y segundo, pienso que las personas no pueden perdonar por el problema de la autoestima, se ven inferiores y odian al que piensan que le falló en algún aspecto.

El perdón es un estado de la conciencia donde las personas se dan cuenta de quienes son y lo pequeño que es el odio, el rencor o la amargura hacia algo o alguien. Una mujer que fue engañada por su esposo se sentirá frustrada para siempre a menos que trabaje su autoestima. A muchos no les importa tanto el hecho del engaño, sino con quién fue el acto. Si ven a la oponente más bonita, si sienten que el esposo es un Don Juan que le gusta a todas y ella se siente que no conseguirá nada mejor, se quedará atrapada en esa emoción. Pero desde el momento en que ella sienta que estos dos le hicieron un favor con el engaño, ya sea porque consiguió un mejor hombre o porque verdaderamente ha visto la vida pasar y ésta le ha sonreído, toda emoción negativa se irá de su interior el día que sepa lo importante que ella es.

Las personas que no pueden perdonar tienen que trabajar en su autoestima, porque o se sienten inferior a la persona que los ofendió o al hecho en sí mismo. Esta es la razón por la que también creo que la ofensa no tiene nada que ver con el hecho o el ofensor, sino con el ofendido. El que perdona debe ser capaz de renunciar a algo que él tiene o cree que es derecho de su propiedad, por eso para perdonar se necesita un alma bien iluminada por el poder del yo.

Pasos importantes para la paz interior

1.- Ser consciente de lo sucedido.

2.- Ser humanitario.

3.- Mostrar humildad.

4.- Mantener la calma. Para eliminar tu enojo, trata una técnica para manejar el estrés. Haz un par de respiraciones y piensa en algo que te dé tranquilidad y paz, puede ser una imagen relacionada a la naturaleza o alguien que amas.

5.- Evita esperar a que te ofrezcan una disculpa.

6.- Reconoce los beneficios del perdón.

7.- Perdónate a ti mismo.

En uno de los relatos de la vida de Jesús, dice que a éste le trajeron un hombre que estaba paralítico para que lo sanara, pero Él en vez de decirle: «Levántate y camina», le dijo: «Tus faltas han sido perdonadas». Con esto Jesús estaba queriendo decir que el hombre se libraría de sus culpas pasadas.

Las personas se paralizan cuando los sentimientos de culpa nublan la paz interior, dejan de avanzar y se convierten en paralíticos sociales. Sin éxitos y como viejos barcos encallados en sus viejas ideas, no ven la forma como la vida le podría sonreír. He visto muchos así, que dejan que todo se le pierda y se le marchite. Se dejan morir en el odio a sí mismo y a otros.

La historia dice que las personas que estaban cerca de la escena no entendieron por qué Jesús le decía a un paralitico: «Tus pecados te son perdonados»; ellos se enojaron y le reclamaron: «¿Te crees acaso Dios para decirle a este hombre, "tus pecados te son perdonados"?»

Pero Jesús les expresó: «Para que sepan que no sólo digo que tengo esa autoridad, sino también la compruebo con esto, le digo al paralitico: "Camina".» En ese instante el hombre se levantó y caminó, y todos glorificaron a Dios por haberles dado tal autoridad a los hombres. Esta es la autoridad de un hombre y una mujer que pueden mantener su paz interior después de saber que no tienen nada contra nadie y que su Padre Dios los ama sobre todas las cosas.

El perdón no sólo le da la autoridad a un hombre para desencadenarse a sí mismo, sino para ayudar a otros a hacerlo. Los que rodeaban al paralítico olvidaban una verdad que el Maestro sabía, era la del poder del perdón. Cuando una persona sabe que ha sido perdonada, levantarse no le costará ningún esfuerzo. Todo hombre y mujer que habita en el mundo debe saber que Jesús aquí no ejerció ningún poder que tú no tengas una vez que entiendas y experimentes esta verdad. La verdad es que es más fácil levantarse de la parálisis que perdonar, porque el levantarse es el resultado de un corazón tranquilo y lleno de paz interior.

Abandona tu mochila

La vida es un marcha cuesta arriba y no podemos

avanzar con una mochila en la espalda cargada de emociones negativas. Muchas personas prefieren caminar así y esa es la razón por la que sus días de vida se hacen más cortos.

A continuación te estaré mostrando una lista de todas las emociones que pueden dominarte, a menos que decidas dejarlas atrás: ira, depresión, rencor, odio, orgullo, enfermedades mentales, opresión, amargura, resentimiento, etc. Todos estos sentimientos son destructivos, pero por alguna razón las personas que lo llevan los justifican.

Mi esposa estaba muy amargada. Cuando me casé con ella me di cuenta que me había casado con una mujer muy difícil de hacer feliz. No estábamos en la misma página, y nada de lo que yo hacía le gustaba. Siempre que viajábamos, ella estaba con el rostro con una expresión de enojo, molesta y masticaba chicle todo el tiempo, pocas veces estaba sonriendo. Es difícil amar a una persona enojada o triste debido a que todo lo que hace lo hace para justificar su estado de ánimo.

El tiempo pasó y no te voy a negar que había tiempos buenos entre nosotros; nos amábamos y deseábamos darle lo mejor a nuestros hijos y construir un futuro hermoso juntos. Pero la amargura en el corazón de mi esposa la inhabilitaba. Ella arrastraba esta amargura de una mala experiencia que vivió en su adolescencia.

Cuando tenía 14 años, su padre le fue infiel a su madre y no sólo eso, sino que cuando su madre quiso reprocharle el engaño, la abofeteó delante de los hijos. En ese momento, la imagen de los hombres se destruyó en la cabeza de mi esposa junto con la imagen de su padre. Aunque en su mente ella sabía que me amaba, no podía amarme como quería y sin darse cuenta lanzaba toda su ira contra mí. Siempre estaba dolorida, y el acné no se le sanaba. Saqué un seguro de vida, y te aseguro que creía que de alguna manera lo iba a tener que cobrar.

No fue hasta un encuentro con Dios y su realidad que mi esposa aprendió amarse a sí misma, amar a los demás, perdonar a su padre y con éste al resto de los hombres. En el acto de perdonar las personas que la estaban ayudando le hicieron hacer una lista de las personas que ella debía perdonar, romper el papel y mencionar sus nombres.

Con esto aunque tú no lo creas, ella rompía toda ligadura o cadena de su alma. Ella me contó que no podía, ni romper el papel ni mencionar sus nombres. Era tan difícil el acto que le dio una crisis de nervios.

Un amargo sentimiento dentro de nuestro ser trae una enorme oscuridad que nos priva de ver la verdadera luz de nuestra alma y nos hace ser esclavos de nuestras emociones. Las emociones negativas se convierten en fuerzas internas que nos roban la libertad y nos hacen vivir postrados ante las enfermedades y el dolor. Éstas te encadenan con los actos dolorosos o con las personas que tanto odias.

La diferencia entre un hombre triunfador y uno fracasado es que el primero deja salir toda la luz interna y el fracasado todas sus frustraciones.

Mi esposa finalmente pudo liberarse de todos esos malos sentimientos, le dio su alma a Dios y decidió vivir a plenitud. Esto mejoró su aspecto, literalmente se convirtió en otro ser, una mujer más hermosa, más dulce, más atractiva e interesante. Me enamoré de mi esposa como nunca antes lo había hecho; la razón fue una sola, ella en verdad era otra mujer.

El solo hecho de perdonarse a sí misma y perdonar a los que ella sentía que le habían fallado la convirtió en una persona positiva, que siempre me apoya y me da ánimo en mis proyectos. Dejó de quejarse de mi trabajo y comenzó a apreciar el privilegio de que yo hiciera lo que hago. Antes se quejaba de todo y nada le gustaba; ahora lo aprecia, y me lo dice todo el tiempo.

Un acto de perdón, de dejar atrás todas estas emociones destructivas, puede cambiarte totalmente y convertirte en un nuevo ser. Es posible que todos los problemas que dices tener estén partiendo de allí. Incluso, hasta el hecho de que nadie te ama o que nada te sale bien puede venir de un alma amargada. Mi consejo para ti es el siguiente: Deja esa mochila que cuelga de tu alma y verás qué liviana es la vida y qué iluminado está el camino. Una persona capaz de perdonar irradia una luz tan contagiosa que atrae hacia ella y bendice todo lo que está cerca.

La amargura es el fruto de las heridas

Las personas sufren por diferentes circunstancias y situaciones en la vida, que son parte del crecimiento y desarrollo del hombre. Pero las personas amargadas no saben ver los eventos de la vida como parte de ésta, sino que en lugar de ver las circunstancias y situaciones, ven personas responsables de sus desgracias.

La amargura viene por las siguientes razones: Por maltrato en la escuela, el colegio, la universidad o en el trabajo. Heridas causadas por relaciones entre padres e hijos, por relaciones rotas entre esposos. Por celos, por falta de cumplimiento de las expectativas en el matrimonio (economía, sexo, fidelidad, etc.). Heridas en el noviazgo y compromisos rotos, etc.

Conocí a una joven que no dejaba de lamentar el haberse casado con un hombre que la engañó y le quitó todo lo que ella tenía. Era una empresaria en la ciudad de New York, desarrolló un negocio que le dio de ganancia millones de dólares, conoció a un hombre en la República Dominicana, se casaron y se fue a vivir con él y a viajar por el mundo con el dinero que había acumulado.

Ella estaba feliz y tenía una vida totalmente realizada. Estaba casada, tenía dinero y amaba a su esposo. ¿Qué más se podía pedir de la vida?

Pero lo inesperado pasó, el hombre se involucró emocionalmente con otra mujer y cuando ella quiso reaccionar quitándole todos los privilegios de su dinero, se dio cuenta de que él se le había adelantado: Había puesto todo a su nombre, había sacado el dinero del banco y lo había puesto en una cuenta personal.

La realidad era dura, pero debía enfrentarla. Estaba sola, burlada, sin negocio, sin dinero, sin esposo, y en un país que ya no era el de ella. Era ciudadana norteamericana y decidió volver a Estados Unidos de América. Regresó llena de dolor y sufrimiento.

Volver a comenzar era una tarea muy difícil. Aunque era una mujer hermosa, comenzó a sentir que nunca más alguien se enamoraría de ella y que no valía la pena vivir en un mundo de personas tan malas. El dolor no le dejaba ver alguna salida, su alma se había envenenado, odiaba a ese hombre y todo lo que lo involucraba.

Día tras día el dolor se hacía más fuerte. Éste era tal que sentía que su alma no lo soportaba; no dormía, no comía y entró en un estado de parálisis corporal. Los médicos le hicieron todos los estudios de rigor, pero nada encontraban. Cada día se consumía más y más en su cama. Todos la veían y esperaban lo peor. Sus lágrimas habían opacado todo su mundo de luz, esperanza y amor. No paraba de llorar día y noche; un maldito pensamiento de venganza y dolor la consumían.

Un día, mientras moría de dolor y desesperación en su cama, comenzó a hablar con Dios y a decirle que ella era joven y no quería morir así. Le habló de todos los problemas que le habían pasado y dijo que si era posible, arrancara ese sentimiento de su interior.

El poder de la luz

En medio de su conversación una luz la sorprendió, una poderosa luz llenó toda la habitación. Ella no salía de la sorpresa al ver aquél prodigio, no entendía lo que estaba sucediendo. Pero lo que era le habló y le dijo: «¡Levántate! Porque te amo no morirás aquí... Estoy a punto de cambiar tu destino.»

Sin pensarlo dos veces se levantó de la cama. Todavía no podía diferenciar si la luz era parte de su dolor, sufrimiento, su locura o era una visita celestial. Pero no estaba en condiciones de tanto razonamiento. Como pudo, se puso de pie, salió del edificio y caminó por las frías calles del crudo invierno de New York.

Con un aspecto de muerto viviente, arrastraba por el piso su bata de dormir y las pantuflas que cubrían sus pies, no sabía a dónde iba o qué hacía afuera de la casa, pero obedeció a la voz que le habló desde la luz, esa que le había dado la fuerza para levantarse de la cama. Caminaba como un zombi en completa miseria y silencio.

Allí fue cuando un anciano que quería cruzar la calle al verla la interrumpió, diciéndole: «Señora, necesito que me ayude a cruzar la calle». Ella se volteó para ver al hombre, era un anciano de muy avanzada edad con un bastón. Lo primero que le pasó por su mente fue:

«Para que alguien me ayude estoy yo, no quiero ayudar a nadie». Pero abandonando el pensamiento obedeció su instinto de mujer protectora, tomó al anciano de la mano y lo cruzó al otro lado.

El hombre la miró, vio su aspecto, sacó su tarjeta de negocio, y le dijo: «Se nota que no está bien, tiene el aspecto de alguien que está muy cerca de la muerte. Pero Dios te ama y tiene un plan para ti. Estuve esperando un tiempo en esta esquina y me preguntaba: "¿Qué hago yo aquí?" Y ahora lo entiendo: "Tú eres la razón por la que vine aquí".»

> *Las personas no están vivas cuando respiran y caminan, sino cuando están felices, entusiasmadas; o dicho de otra manera, cuando tienen a Dios.*

Sin que ella pudiera contestarle, se puso la mano en la barbilla, la miró tiernamente y agregó: «Llama a mi secretaria, haz una cita y nos veremos en mi oficina». El hombre del bastón era un médico millonario de la ciudad de New York, se había retirado y ahora dedicaba sus últimos días a ayudar a personas que deseaban superarse.

Ese lunes fue a la oficina del médico que cuando llegó, se sentó en su escritorio. Ella le contó porqué estaba en esa condición. Entonces él le hizo un cheque de cincuenta mil dólares y se lo entregó.

Desde ese día una nueva luz de esperanza comenzó a iluminar su ser. Dejó atrás el pasado y se dedicó a ser una cantante motivacional. Ella fue la que me introdujo en el mundo de la motivación y la transformación personal. Fue una gran inspiración para mi vida, fue una luz.

La amargura siempre tendrá una raíz; pero sólo tú eres capaz de sacarla, y las herramientas para hacerlo son la luz del perdón y la esperanza.

La amargura causa daños en todo nuestro ser

La amargura no sólo nos hace vivir en un mundo emocionalmente oscuro, sino produce diferente daños. Voy a mostrar por lo menos trece de estos:

1.- La amargura se deja entrever a través de nuestras conversaciones.

2.- La amargura se deja ver en nuestras relaciones.

3.- Las actitudes muestran si eres una persona amargada o no. Reacciones bruscas.

4.- La amargura puede trastornar la salud física.

5.- Cuando estamos amargados dañamos a los demás.

6.- Las personas amargadas forman «paredes emocionales» que los aíslan de otros, pues temen seguir siendo heridos.

7.- El temor y la desconfianza pueden ser los causantes de la amargura.

8.- La amargura hace que sintamos temor de que nuestras heridas interiores y nuestras debilidades queden al descubierto.

9.- La amargura provoca soledad, porque las personas se convierten en islas.

10.- La amargura siempre trae como resultado el rompimiento de relaciones.

11.- La amargura lleva a que "cortemos" gente de nuestra vida, por las mismas actitudes.

12.- La amargura hace que la persona asuma una actitud de queja, dolor y victimización.

13.- La amargura te roba el potencial y no deja que tu luz brille.

Tipos de perdón

Los psicólogos y los expertos han hecho una división del perdón basado en las reacciones de las personas ante las ofensas. Los diferentes tipos de perdón son: «Perdón pleno, parcial, puro, condicional, expresado, tácito, no expresado, espontáneo y solicitado».

Perdón parcial - Es fácil perdonar las ofensas menores, pero nunca las que más nos duelen. Cierta vez, una joven interrumpió una reunión en la que hablaba sobre el perdón para asegurarme que una persona que mata a un inocente no debía ser perdonada. Le dije: «Sé lo difícil que esto suena no sólo para ti, sino para todos los presentes; pero debemos perdonar a todos. Perdonar no significa que la persona que cometió una falta no será castigado por las leyes existentes, sino que nos aseguraremos de no cargar más esta culpa o este sentimiento.» No debemos perdonar algunas de las ofensas que hemos recibidos, sino todas.

Perdón condicional - Otras personas sólo perdonan condicionalmente. Siempre expresan palabras como estas: «Acuérdate que a las tres son las vencidas», «te perdono, pero acuérdate de lo que me hiciste», «a la próxima te juro que me las pagas, no esperes más perdón de mi parte»; o en el matrimonio, podrías decirle a tu cónyuge: «Te perdono, pero no tendremos intimidad», «te perdono, pero necesito que me compres un carro nuevo», «te perdono, pero saca a tu mamá de la casa», etc. Cuando condicionas el perdón en vez de perdonar manipulas y los sentimientos oscuros no menguarán, sino que al contrario aumentan.

Perdón pleno - El perdón genuino es pleno y total. La persona se desprende de toda ofensa y de todo sentimiento o hecho ofensivo que la acompaña. Esta persona sabe que es responsable de su vida y sus emociones. Para que una persona logre llenar su alma de un perdón tan puro debe desligar a los demás de sus sentimientos y culpas, debe asumir su responsabilidad por todo lo que le pasa y dejar de culpar a otros.

El maestro Jesús enseñó este principio con su ejemplo, mientras colgaba de la cruz y era burlado y maltratado por sus verdugos. Aunque la cruz era una muerte vil, cruel y vergonzosa no perdió su postura ni sus convicciones. Al contrario, Su historia lo narra así: «Y Jesús decía: "Padre, perdónalos, porque no saben lo que hacen". Y repartieron entre sí sus vestidos, echando suertes.» Este hecho es un acto de mucha grandeza y como decía anteriormente, sólo una persona que sabe quién es y tiene una fuerte postura de lo que hace y del propósito que quiere lograr puede perdonar. Ya que perdonar es dejar pasar la ofensa o pasarle por encima y en todos los casos es cargarla sobre nosotros, tomando total responsabilidad y dejando de culpar a otros.

Cuando hablo de tomar la responsabilidad de las ofensas, no estoy hablando de cargar internamente sentimientos de culpas por todo lo malo que hacemos o nos sucede, sino aceptar que todos estamos entrelazados y que las personas no están solas con sus males, que de una u otra manera estamos entrelazados entre sí.

Cuando pensamos en un mundo mejor estamos más cerca de tenerlo. Es soltar a las personas que te quieren herir de su responsabilidad para tomarla sobre sí. Esto es un acto de humildad. Podemos culpar a alguien más y pasarnos la vida llenos de frustraciones y miseria o podemos aceptar que todos son inocentes, que lo que has vivido lo has pasado. El mal que te han hecho y las circunstancias de la vida nada tienen que ver con los involucrados, sino con el propósito que el Eterno tiene para tu vida: él desea que tu luz brille.

El diamante no sale de una piedra preciosa, sale del carbón aprensado; su belleza, luz y valor se logran con los años y el proceso. El oro sale de una rústica y fea roca, que metiéndola en un proceso y en el fuego deja ver su brillo y esplendor. El platero al lustrar la plata sabe cuándo es suficiente, cuando su rostro se refleja en el metal. Se necesita mucho trabajo y lija para que esto ocurra.

Todos estos ejemplos nos muestran que muchas de las cosas por las cuales te has ofendido no son más que circunstancias de la vida para sacar toda la riqueza, belleza, luz y plenitud de tu interior al exterior. Hay una gran luz en ti, pero nunca brillará hasta que no te deshagas de lo que la opaca. La diferencia entre un hombre triunfador y uno fracasado es que el primero deja salir toda la luz interna y el fracasado todas sus frustraciones.

Concluyo este capítulo diciendo que el perdón produce la liberación de las heridas del pasado, te permite acercarte a Dios y te ayuda a estar feliz y en paz contigo mismo y los demás.

El poder de la luz

Capítulo 9

La luz que alumbra a todo hombre

Cuando hablamos de «La luz que alumbra a todo hombre», estamos hablando de un Dios universal que llena a todo hombre de conocimiento y amor.

Hace poco hablaba con alguien sobre esto, y él me decía: «Pero Wilson, a las personas no les gusta las religiones o los mensajes religiosos»; a lo que agregué que él tenía la razón, pero que tomara en cuenta una gran verdad que muchos queremos ignorar y es que a las personas en una escala muy elevada les gusta que les hablen de Dios, ya que hay un enlazamiento en la mente de cada hombre con su Creador. El amigo de Jesús, el discípulo amado Juan escribió que la Palabra de Dios fue lo que hizo que todo viniera a la existencia, cuando dijo: «En el principio era la Palabra y la Palabra era con Dios y la Palabra era Dios»; y expresa también: «Aquella palabra era la luz verdadera, que alumbra a todo hombre que viene a este mundo.»

Hay una Luz superior que alumbra a todo hombre y si éste quiere estar bajo esta Luz puede vivir un estilo de vida sobrenatural. Cuando hablo de un estilo de vida sobrenatural estoy hablando de lograr y hacer cosas que podrían no tener explicación en la ciencia, en los laboratorios o en la lógica de la mente.

Muchas personas niegan la existencia de Dios, ya que éste no puede ser probado en un laboratorio, pero el 95% de todo lo que existe en el Universo no ha podido ser probado. ¿Cómo es posible que personas con tanto desconocimiento puedan pensar que pueden probar la existencia del Dios creador de un universo tan extenso?

Yo soy de los que creen que ninguno de nosotros tiene el conocimiento suficiente sobre quién es Dios. Sería imposible pensar que poseemos tal conocimiento. Pienso que la revelación que tenemos sobre Él es bastante limitada, pero a la vez también sé que tenemos suficiente revelación como para creer en Él.

En mi libro, *Más que un sueño*, digo que Dios se manifiesta en todas las bondades del hombre. Pero una cosa es la manifestación de Dios y otra muy distinta es quién es él. También que cada palabra que suena en la mente, no es una simple palabra sino una sustancia espiritual con un poder de creación o destrucción.

Un ejemplo de lo que quiero decir es cuando tú mencionas las palabras: odio, rencor, muerte, derrota, inservible, depresión, dolor, torpeza, etc., estas palabras en su sola mención producen una vibración mala.

De la misma manera, cuando mencionas las palabras: amor, bondad, felicidad, riqueza, abundancia, salud, luz, paz, confianza, estas producen una vibración positiva. La simple mención de lo bueno y agradable produce esa sensación, pero también ocurre lo mismo cuando mencionamos lo negativo y destructivo.

Si tú crees que lo que estoy diciendo es mentira, pruébalo con alguien; acércate y comienza a hablarle según la emoción que quieres producir, y la producirás.

Me acuerdo cuando era pequeño, vivía en un campo donde no había televisión y las noches eran largas y aburridas. Generalmente mi abuelo no estaba en casa, pues en el día trabajaba la tierra y de noche atendía los negocios, pero había algunas noches del año que él se quedaba en casa e invitaba a algunos amigos expertos en relatar cuentos de misterios. Me encantaban los cuentos de ultratumba; pero también me asustaban como un condenado a muerte. Muchas veces las historias me seguían hasta la cama y me impedían dormir; otras veces, mientras contaban los cuentos y todos estaban levantados, trataba de acostarme para poder dormirme antes que los demás lo hicieran. El simple hecho de escuchar esas historias causaba una sensación terrorífica, como la de vivir en un cementerio mientras ves muertos resucitar por todos lados o en medio del infierno.

Las palabras causan una sensación y afectan nuestras emociones y los resultados. Es por eso que quiero que le pongas atención a lo que te estoy diciendo: las palabras

> *La luz que alumbra a todo hombre está por sobre la ciencia y la luz de los hombres.*

no son sólo palabras, es la fuente y la esencia del Dios infinito. Y es Su máxima expresión y Su esencia de poder. «En el principio era la Palabra, la Palabra era con Dios y la Palabra era Dios.»

Se ha comprobado que las palabras afectan las emociones

y se ha descubierto que afectan los resultados. Es la fuente de lo sobrenatural. Las palabras no pueden ser probadas en un laboratorio, pero los resultados que causan si pueden ser comprobados. De esta misma manera Dios no puede ser probado, pero sí puede serlo a través de la fe y la evidencia de toda Su creación.

Escuché a una escritora muy famosa decir que Dios es energía, pues la energía es lo único que está en el pasado, el presente y el futuro; y la energía es lo único que se transforma y no se destruye. Cuando escuché ese argumento, me gustó y por un tiempo lo mantuve; pero hoy quiero decirte que Dios es más que energía, aunque Él tiene energía. No es sólo ésta, Él es palabras, pensamientos, sustancia, amor, entusiasmo, felicidad, sanidad, vida, liberación. Dios tiene energía pero es más que ésta: es un ser pensante e inteligente, cargado de vida.

El hombre al igual que Dios está cargado de energía, pero si el hombre fuera sólo energía entonces los científicos ya hubiesen podido resucitar a los muertos. La energía es algo que ya se conoce muy bien y se ha desarrollado en múltiples usos. Este ejemplo es muy lógico, ya que el hombre es «la imagen y semejanza de Dios».

Pero cuando la vida (Dios) sale del cuerpo de un hombre,

no hay energía que lo resucite. Todos estos componentes y miles que no puedo mencionar son Él, porque Él es la fuente del poder. Dios tiene el poder de todo lo bueno y de la vida, «porque Dios está en todo, sobre todos y por todos».

El entusiasmo es una luz sobrenatural

La palabra «entusiasmo» proviene del término *entheo*, que es una palabra compuesta: *enter* = dentro y *theos* = Dios. Entusiasmo significa: «Dios en nosotros».

A Jacob se le fue el espíritu al perder a su hijo José y cuando lo vio nuevamente le volvió. Veamos el relato: «Pero cuando ellos le contaron todas las cosas que José les había dicho, y cuando vio las carretas que José había enviado para llevarlo, el espíritu de su padre Jacob revivió.» Esta palabra literalmente quiere decir: «Volvió a la vida».

Jacob quedó hundido en la depresión cuando le contaron que su hijo José había muerto. La depresión es una oscuridad que te quita el entusiasmo y el entusiasmo es una luz superior que destruye toda amargura, depresión, tristeza e infelicidad. El entusiasmo es una entidad divina y una persona sin Dios carece de la misma.

Cada vez que veas a una persona entusiasmada es porque está llena de esa luz superior. Pero también cada vez que veas a una persona decaída, sin ánimo y deprimida, es porque consciente o inconscientemente se murió.

Entusiasmarse no es vivir, es revivir. Lo que quiere decir es que vuelve a la vida, tiene una resurrección, nace otra vez. Por lo que las personas no están vivas cuando respiran y caminan, sino cuando están felices, entusiasmadas; o dicho de otra manera, cuando tienen a Dios.

Si pones atención a lo que te estoy diciendo sabrás que aquí no hablo de una religión X, sino de una entidad universal. Porque querámoslo aceptar o no, Dios es la luz de todos sus hijos. Él alumbra a todos los hombres del mundo y no a algunos.

Hace un tiempo me invitaron a dar una conferencia en Manhattan, New York. Cuando terminé la charla, se me acercó una joven para hablar conmigo. En el momento en el que ella me dio la mano noté que una fuerte depresión la embargaba; sus manos no tenían fuerza, de su boca salía una sonrisa forzada, sus vibraciones eran muy bajas y su postura carecía de entusiasmo. Ella no pasaba de 20 años, era hermosa, pero no tenía brillo. La falta de entusiasmo le robaba la luz que su Creador había depositado en ella. Le comencé a hablar y le pregunté por qué ella se sentía tan mal. Me dijo que la razón era que no tenía a nadie en este país, que no le gustaba el trabajo que hacía, y que se sentía sola, triste y sin deseo de vivir. Mientras ella hablaba, no paraba de llorar y parecía que su tristeza me tragaría a mí también.

Pero cuando terminó con su triste historia, la miré fijamente y comencé a decirle todo lo bueno que yo veía en ella y que Dios me mostraba para su futuro. Entonces comenzó a sonreír y al hacerlo su rostro resplandecía con cada palabra positiva que ella recibía. Era como cuando se enciende un bombillo a través de un interruptor de graduar la energía.

Esta joven se convirtió en una persona muy diferente a la que yo vi ese día. En el tiempo que estuve asistiendo a esa organización fue una de las mejores alumnas que tuve. Ella era talentosa, pero sus talentos nunca habían sobresalido porque le faltaba entusiasmo.

A continuación voy a darte una lista de lo que tú eres. Esta lista de cualidades la puedes poner frente a tu cama o al espejo, y repetirla todos los días. Una vez que lo hagas irás creciendo en estas áreas. Al leerla irás transformando tu mente día a día, pues la transformación tiene lugar allí. Si logras creer lo que verdaderamente eres, en vez de lo que otros dicen, de seguro que serás una persona entusiasta y triunfadora. Una de las maneras para que podamos creernos lo que somos es declarándolo todos los días.

Declaraciones:

- Yo soy el que soy.
- Yo soy la sal de la tierra.
- Yo soy la luz del mundo.
- Yo soy la vid verdadera y un canal de Dios.
- Yo soy amigo de Dios.
- Yo soy elegido por Dios para llevar Sus frutos.
- Yo soy colaborador de la justicia.
- Yo soy un Hijo de Dios; Dios es mi Padre.
- Yo soy heredero, compartiendo su herencia con Él.
- Yo soy templo y morada de Dios, Su Espíritu mora en mí.
- Yo soy un espíritu con Dios
- Yo soy miembro de Su Cuerpo.
- Yo soy una nueva creación.
- Yo estoy reconciliado con Dios y soy ministro de reconciliación.
- Yo soy uno con Dios.
- Yo soy heredero de Dios.

- Yo soy santo.
- Yo soy una creación superior a todas las demás.
- Yo soy conciudadano del resto de la familia de Dios.
- Yo soy justo.
- Yo soy ciudadano del cielo y estoy sentado a la diestra de Dios.
- Yo soy Su favorito y estoy escondido en Él.
- Yo soy la expresión de la vida, el Padre se manifiesta en mi existencia.
- Yo soy escogido de Dios para propósitos eternos.
- Yo soy amado de Dios.
- Yo soy hijo de Luz y no de oscuridad.
- Yo soy santo y partícipe del llamamiento espiritual.
- Yo soy una de las piedras vivas de Dios y estoy siendo edificado como una casa espiritual.
- Yo soy miembro del linaje escogido, un sacerdocio real, una nación santa, un pueblo adquirido por Dios.
- Yo soy un extranjero en este mundo en el cual vivo temporalmente.
- Yo soy enemigo del mal y tengo poder sobre él.
- Yo soy nacido de Dios, y el mal no puede tocarme.
- Yo soy salud.
- Yo soy abundancia.
- Yo soy paz.
- Yo soy vida.
- Yo soy benignidad.

- Yo soy amor.
- Yo soy templanza.
- Yo soy confianza.

Es necesario que lo repitas todos los días hasta que estés totalmente restaurado, hasta que el Eterno haya hecho Su obra maestra que eres tú en todo Su esplendor.

La Luz que ilumina tu camino

«Respondió Jesús: ¿No tiene el día doce horas? El que anda de día, no tropieza, porque ve la luz de este mundo; pero el que anda de noche, tropieza, porque no hay luz en él.» Ya hablamos que la luz que alumbra está en todo hombre, pero que esta luz se manifiesta a nuestro exterior a través de la palabra, la conciencia, el conocimiento, el entusiasmo, el amor, la esperanza y la paz.

Pero ahora quiero darle un poco de hincapié a otro aspecto de la luz que es la sabiduría. La sabiduría es esa voz interior que hace que tomes buenas decisiones y que te permite juzgar con justicia entre una cosa y la otra. También podemos llamar «sabiduría» a toda capacidad de hacer que las cosas funcionen con eficiencia. Las personas sabias no fracasan porque tienen una voz superior en su interior que los hace tomar las decisiones correctas, en el momento correcto. Los que manejan la sabiduría saben qué consejo deben dar, cuándo y por qué darlo.

La sabiduría es una luz superior, pero es imposible ser sabio a menos que podamos escuchar cuidadosamente al hombre interno. Es por eso que la sabiduría no se basa en aplicar el conocimiento aprendido, ya que todo es un constante cambio y nada queda igual. Ésta tiene mucho que ver con seguir esa voz que te habla desde lo más profundo de tu interior. En los negocios, en tu organización y en todo lo que hagas, debes aprender a manejarlos con sabiduría. Muchas personas se quedan en el pasado, porque son guiados por éste.

Un profesor de la universidad que da clases de economía no garantiza que sus estudiantes puedan ser personas económicamente prósperas, ya que esto nunca dependerá del conocimiento universitario, sino de las habilidades para tomar buenas decisiones en los negocios o económicas en todos los ámbitos. Esto es a lo que llamo «sabiduría».

Hace unos años atrás tenía unos 70 mil dólares en una caja de seguridad, los cuales no quería poner en el banco. Mi gran problema era que yo no era negociante, por lo menos estaba desligado de los mismos en ese tiempo. Me dedicaba a hacer programas radiales, dar conferencias, y ministrar iglesias. En ese buscar qué hacer con el dinero, llamé a una señora que me había vendido un seguro de vida y que según ella su compañía trabajaba con inversiones. Pero ésta, por alguna razón, se encontró con que el dinero era mucho y me dijo que no tenía suficiente experiencia en esa área. Me aseguró que me buscaría a otra persona que sí podía hacerlo. Pero eso nunca pasó.

En cierta ocasión me detuve a hablar con un «amigo» y éste me dijo que le habían denegado el préstamo que había solicitado en el banco. Le pregunté para qué lo quería y me dijo para expandir su negocio. Me dijo que si yo quería podía convertirme en su socio. Vi esto como una gran oportunidad de inversión y quedamos en buscar 50 mil dólares.

Durante los días de transacción nada estaba tranquilo dentro de mí, todo se dificultaba. Pero lo que más quiero resaltar es que mi interior me hablaba de manera negativa de ese negocio. Me hablaba mientras guiaba mi carro, me daba indicaciones, me dio sueños negativos sobre la inversión; pero debido a que yo me había comprometido con hacer este negocio, callaba mi interior diciéndole que como hombre de palabra no faltaría a mi compromiso.

Mis creencias sobre el dinero eran la que escuchaba de las personas que hasta ese momento me habían educado y guiado. Estos siempre decían: «El dinero no es nada, eso se consigue. Cuando nos muramos, no nos llevaremos nada. No pierdas un amigo por dinero», etc. El final de esta historia fue que no escuché mi voz interior ni la voz exterior de mi esposa, hice el negocio y perdí al amigo y el dinero.

> *Nadie hace algo significativo sin antes pasar por los reveses de la vida; y aun muchas veces caemos de lo alto para vernos en medio de conflictos financieros.*

Yo tropecé en aquello porque me faltó la sabiduría de escuchar y percibir que algo no estaba bien y por lo tanto, las cosas no quedarían bien.

He tratado, basado en mis experiencias negativas, aprender a escuchar mi hombre interior. Éste no yerra ni fracasa, siempre sabe todo lo que está pasando y va a pasar. La voz del hombre interior no es la misma que la voz de la mente.

Ya he dicho en diferentes ocasiones que una de las facultades de la mente es hacernos sentir seguros y por lo tanto, ésta puede estar hablándonos a la hora de tomar una decisión basada en el temor a lo desconocido. El hombre interior es «Dios en nosotros» y cuando aprendemos a escucharlo tenemos el poder divino para tomar decisiones; su voz está basada en la sabiduría infinita, en vez de la experiencia del pasado o los temores cotidianos.

Todavía no soy un experto escuchándolo y me falta mucho que aprender, ya que crecemos en este hábito a través de la práctica de la oración y la meditación. Es en el diario vivir y mientras más avanzamos en esto que más clara se nos hace su voz.

Cuando escribí el libro, *Más que un sueño*, todo indicaba que no era un buen tiempo para hacerlo; no tenía el dinero para publicarlo y no tenía un campo dónde mercadearlo. Si han leído cualquiera de mis libros es posible que ya sepan de lo que les estoy hablando.

Yo había renunciado a todo lo que hacía y conocía para comenzar otra vez. Pero en ese camino me quedé desorientado y sin saber a dónde ir. Sin una entrada de dinero buscaba ideas en mi cabeza de cómo generar los recursos que necesitaba. Tenía experiencia en muchas cosas que había hecho en el pasado, y soy de las personas que creen que el dinero se lleva dentro de uno mismo.

Pero estaba muy desorientado, solo, y de alguna manera esto había afectado mi autoestima, haciendo que mi mente le temiera a realizar cualquier negocio que yo pensara o me presentaran.

Un día Dios, que está dentro de mí, me dijo que el camino a seguir era hacer un libro. Lo comencé y fue todo un éxito; porque Él sabía no sólo que yo lo podía hacer, sino también que Dios era el que me abriría la puerta para comercializarlo. Lo bueno de escuchar al hombre interior es que él no te muestra lo que debes hacer o decir para conducirte por un camino de confusión, sino para ayudarte y llevarte a un nivel mayor.

En otra dimensión sobrenatural

Hay una dimensión que otros seres de luz dominan y que nosotros no podemos dominar en su totalidad, pero que sí podemos tener acceso a la misma. En esta dimensión viven «los espíritus ministradores enviados para servicio a favor de los que serán herederos de la salvación».

Los hombres se pueden ver unos a otros, pero estos seres no son visto con facilidad; para que lo podamos ver necesitamos entrar a su dimensión a través de las visiones. «El año en que murió el rey Usías vi yo al Señor sentado sobre un trono alto y sublime, y sus faldas llenaban el Templo. Por encima de él había serafines.» A los ángeles se les puede nombrar como «llamas ardientes», estos son reales y muchos son los que los han visto.

Mi esposa se quedó sola en la casa, mientras yo estaba en Luisiana dando una serie de conferencias. Debido a que tendría que visitar más de un lugar, estaría fuera de la casa por más de 21 días.

Una noche nuestra niña más pequeña, Melody, tuvo una gran fiebre y mi esposa no sabía qué hacer para que ésta desapareciera. Sentada en unos de los sillones de la sala le dijo a Dios: «Me siento triste, porque siento que Tú me has abandonado». La niña estaba enferma, yo estaba lejos de la casa, y ella no sabía qué hacer para que la pequeña se mejorara.

En ese momento ella miró por la ventana y vio a un hombre que la miraba. Inmediatamente supo que no era alguien de esta dimensión, ya que el hombre sobrepasaba la altura de donde ella estaba, y ella se encontraba en el segundo piso de nuestra casa. El hombre medía más o menos siete metros, unos 24 pies.

Mientras mi esposa lo observaba, una sensación de confianza vino sobre ella. El hombre se inclinó porque traspasaba la altura de la ventana y le preguntó: «¿Qué te pasa?» A lo que ella le contestó: «Estoy triste, y tengo mucho miedo, pues mi esposo no está en la casa desde hace muchos días y mi niña está muy enferma».

Entonces él le dijo: «No tengas miedo, porque yo estoy contigo y tú nunca has estado ni estarás sola. Ve y acuesta a la niña.» Mi esposa me dijo que inmediatamente le vino una paz sobrenatural y toda su angustia la abandonó; se levantó del asiento, le hizo una seña al desconocido para que esperara, y fue a acostar a la niña que estaba en sus brazos.

Cuando llegó a la habitación la niña estaba tranquila, dormida y sin fiebre. Rápidamente ella volvió para seguir la conversación, pero el gigante ya no estaba. Tú puedes no creer nada de esto, pero mi esposa apuesta su cabeza por lo que vio. Ella sabe que todo fue real, y cada vez que la veo contar esta historia sus ojos brillan de entusiasmo y felicidad.

En otra ocasión estábamos visitando la casa de un amigo, que me había pedido que fuera a orar por él pues se sentía muy enfermo. No se podía parar, no podía comer, no podía hacer sus necesidades fisiológicas, y su rostro había tomado la semblante de un ser de ultratumba.

Fuimos con Wesser y Wesserline, que eran muy pequeños. Mientras declarábamos el bien de Dios, vino su hijo, que también tenía como dos años, tocándonos y haciendo señas como queriéndonos decir algo. No podíamos entender lo que decía y nos costó un poco descifrar su lenguaje de bebé.

Fue cuando de repente mi esposa y yo dimos un grito unánime: «¡Wesserline!» Corrimos guiados por las manos del niño y encontramos a nuestra hija colgada de una mano del balcón del apartamento. El hijo del amigo, que saltaba más que los monos, lanzó a mi hija hacia abajo y ella se aferró al borde, quedando suspendida en el vacío. Yo me puse de todas las maneras posibles y estirándome hacia abajo como pude la tomé del brazo jalándola hacia donde estábamos.

Luego del incidente mi esposa y yo con los nervios en el estómago, le preguntamos al amigo cómo se sentía y él nos dijo que no sentía ningún tipo de dolencia o molestia, su rostro tomó color mientras el nuestro lo perdió. Salimos apresurados de la casa con nuestros dos niños. Y mientras íbamos de regreso a casa, mi esposa y yo comenzamos a comentar y razonar: «¿Cómo pudo una niña que apenas caminaba y no llegaba a los dos años colgar de una mano de un borde evitando caer en una construcción llena de varillas, que la hubiesen matado instantáneamente? ¿De dónde nuestra niña había sacado tanta fuerza para aquel acto?»

Mientras hablábamos, la niña en su lenguaje de bebé nos interrumpió, diciéndonos: «Un ángel». Inmediatamente Sandra y yo nos volteamos y le preguntamos: «¿Un ángel? ¿Un ángel, bebé?» A lo que nos respondió que un ángel estaba con ella.

Un año después, cuando ella creció un poquito más y sabía explicar las cosas, le preguntamos qué era lo que había pasado en la casa de Julio César y ella nos contó que mientras ella colgaba y sus dedos resbalaban para caer, un ángel la tomó de las manos y la mantuvo agarrada hasta que nosotros llegamos.

Sobre la medicina y la ciencia

La luz que alumbra a todo hombre está por sobre la ciencia y la luz de los hombres. En muchas ocasiones ocurren sucesos y hechos que no pueden ser explicados y que sobrepasan los pronósticos médicos y psicológicos.

Yo mismo he declarado palabra de fe sobre personas con cáncer y éste desapareció; y esta sanidad ha sido médicamente comprobada.

Un ejemplo de esto fue en New Jersey, donde fui a predicar a una iglesia. Hablé, declaré sanidad sobre los presentes, y luego el líder principal (el anciano) me llamó para que volviera porque muchos enfermos se habían sanado, entre ellos había enfermos de cáncer.

Cuando volví, las personas vinieron y testificaron y otros, que se habían quedado por miedo a que esto no fuera verdad, decidieron ir al médico y su diagnóstico era que estaban sanos.

Luego en el Bronx encontré a una señora, en cuya familia una gran parte había muerto de cáncer, que me pidió que orara por ella. Hice una declaración de fe y ésta se sanó de cáncer de colon e intestinos. Por años esta mujer fue una de mis principales colaboradoras en los ministerios que desarrollaba y hasta hoy sé que está viva y sana. Estas experiencias las he visto en la vida de otros y en la mía, es por eso que puedo dar testimonio de lo mismo.

Cuando comencé en la Universidad, no tenía dinero para pagarla y todavía no había desarrollado la habilidad de vendedor. Para poder comenzar a estudiar tuve que trabajar un año como vigilante en la Universidad.

Al final de ese año y por ese trabajo, estaba enfermo; casi no podía abrir mis ojos, me dolía el cerebelo, y casi no podía levantarme. Esto me incapacitó para estudiar, y aunque tuve que comenzar las clases, pues estudiaba en un internado, mis calificaciones eran pésimas. Las autoridades de la Universidad amenazaron con sacarme y la medicación que los doctores me daban no me hacía nada.

Una tarde que estaba muy frustrado, me tiré sobre mi cama y allí abrí los brazos y mirando hacia arriba le dije a Dios que de esa manera no quería vivir y que si no podía estudiar y vivir una vida normal como todo el mundo prefería la muerte. Entonces le hablé con toda seriedad, mañana estaré sano o muerto. No sabía todavía el poder que tienen las palabras, pero sí conocía el poder de la fe.

Esa noche dormí como un bebé, hacía mucho que no dormía bien. Al día siguiente cuando desperté, estaba vivo y por supuesto también sano. Desde ese entonces todas esas complicaciones de mi cerebelo desaparecieron y ahora vivo una vida normal.

Mientras trabajaba en la venta de libros para poder

estudiar, se desarrolló en mí un problema severo en el estómago, que no le di mucha importancia porque pensé que era algo relacionado con el estrés; comía pan y bebía leche para menguar el dolor.

Volví al internado de la Universidad al comienzo de las clases y durante todo ese año comencé a sufrir los fuertes dolores causados por los problemas estomacales. Un día me dio deseos de vomitar y lo que salió por mi boca fue sangre, entonces me di cuenta que algo serio me estaba pasando. Fui al médico, quien me diagnosticó úlceras estomacales, me dio una medicación, pero el mal no cesaba.

Un día mientras estaba en la habitación, sentí el deseo de pedirle a Dios ayuda por mi problema y aunque siempre lo hacía, en ese día fue diferente ya que el hombre interior estaba activado dentro de mí y me hablaba con una gran claridad. Entonces declaré el favor del Todopoderoso sobre mis llagas y antes de levantarme de mis rodillas, escuché una voz suave que me dijo: «Nunca más volverá a sufrir de tu estómago».

Después de eso todo el dolor y los malestares desaparecieron y cada vez que siento algún pequeño malestar sobre esto, le hablo al estómago y le digo que ya Dios me sanó y que nunca más tiene permiso para estar enfermo.

Sobre las finanzas y las necesidades

Nadie hace algo significativo sin antes pasar por los reveses de la vida; y aun muchas veces caemos de lo alto para vernos en medio de conflictos financieros. El rey David dijo «que los que esperan en el Eterno serán como árbol plantado junto a corrientes de aguas, que dan sus frutos a su tiempo, y sus hojas nunca caen; y todo lo que hacen, prosperará.»

Las finanzas son una de las herramientas que el Infinito a provisto para que sus hijos vivan felices. Pero la realidad es que no siempre las personas están financieramente como quisieran. Esto puede ser por una bancarrota, porque algo no le salió bien o porque están comenzando algún nuevo proyecto.

Me acuerdo que estaba comenzando una nueva congregación en el Bronx, New York, y no tenía dinero. Había llegado recientemente al país y la Asociación con la que trabajaba estaba poniendo en orden algunas cosas. Mi sueldo se demoró en llegar y a los dos meses ya no veía manera de pagar mi renta.

En esa circunstancia le pedí a Dios que hiciera algo milagroso. Un día me llamó el director de evangelismo y me dijo que una señora, que antes había pertenecido a una de las congregaciones de la organización y se había ido por unos serios problemas que tuvo con su hijo, había pedido que yo la llamara.

La llamé y cuando comencé hablarle, ella comenzó a contarme sobre la situación de su hijo y de cómo había caído en las drogas y cómo todos la habían abandonado, debiendo luchar sola con ese problema. Le dije que iba a declarar el amor de Dios sobre su hijo y que donde quiera que estuviera, algo sobrenatural le iba a ocurrir. Ella me dijo que su hijo no estaba con ella y que estaba en la escuela. Le dije que eso no era un problema, que las palabras una vez que son declaradas son transportadas por lo sobrenatural y el milagro ocurre.

Así lo hice, declaré el favor y el bien de Dios sobre ella y sobre su hijo. Recuerdo que dije algo como: «Donde quiera que esté su hijo ahora, algo sobrenatural le sucederá para que sepa que no está solo con su problema y que Dios lo ama».

Terminamos de hablar y el próximo fin de semana, mientras despedía a las personas, esta señora se me acercó y me entregó un sobre. Pensé que en él había otra lista de oraciones. La saludé, le sonreí, y guardé el sobre en mi chaqueta.

Pasaron dos días y recibí una llamada de la señora que me dijo: «El sábado no le conté lo que sucedió con mi hijo porque lo vi muy ocupado saludando a la gente. Cuando mi hijo llegó a mi casa me contó que ese día en la escuela le sucedió algo extraño. Él iba a salir de la escuela para usar drogas y mientras salía algo extraño le tomó y lo introdujo de nuevo al aula y lo sentó en la silla.» Y ella con entusiasmo me dijo: «Cuando mi hijo llegó de la escuela me dijo si yo había orado por él a esa hora. Entonces yo le dije que sí, que el pastor había llamado y le pedí que orara por ti.» Él le dijo: «Pues fue Dios el que estuvo conmigo».

Terminamos de hablar y cuando ella concluyó, en vez de estar emocionado, ya estaba triste; solo pensaba cómo es que Dios me usa para impartir Su poder y no tengo para pagar la renta. Cuando terminé con este pensamiento, fui a mi habitación y comencé a pelear con Dios. Le dije cómo me sentía y le recité algunas de las promesas que Él le había hecho a los hombres en la antigüedad.

Entonces escuché al Espíritu (luz) diciéndome: «Te

acuerdas del sobre que la señora María te dio» (el nombre está cambiado). Le respondí: «Sí, pero ahora no es un buen momento de orar por María, de todos modos su problema mayor se solucionó, que era su hijo, lo demás puede esperar.»

En medio de la discusión con la luz interior, me levanté a regañadientes y busque el sobre. Cuando lo abrí vi que eran dólares. Inmediatamente pensé en que eran algunos dólares, pero seguí mirando y comencé a contar 100, 200, 300, 400, 500, 600, 700, 800, 900, ¡1.000 dólares! Lo que yo necesitaba para pagar la renta eran 600 dólares, y en el sobre había $1.000.

En la vida todo es así, Dios ha provisto para cada uno de sus hijos más de lo que necesitan. Pero por nuestra incredulidad lo hemos dejado guardado en un sobre y no lo usamos. La gente vive en carencia, mientras en el Universo hay en abundancia para todos. No es para algunos ni para un grupo, «porque esa Luz verdadera que alumbra a todo hombre vino a este mundo». Yo no sólo digo que alumbra a todo hombre, sino que cuida, provee, sana, bendice y prospera a todo hombre.

Concluyo diciendo que creo firmemente que los pensamientos del hombre tienen poder sobre el mismo, «que tales son los pensamientos del hombre así es él», que las palabras son una entidad divina y una fuerza que activa lo sobrenatural para que éste se convierta en algo natural y visible.

También sé que la fe hace que las cosas que no se ven puedan verse, haciendo que ésta fluyan en lo natural. Pero sobre todo estos poderes que le fueron dados a los hombres, hay un ser superior. Una luz mayor a todas las demás. Esta es la que mantiene nuestra luz encendida y hace que las cosas ocurran.

Dios no siempre usará el método de los milagros, ya que Él tiene el deseo de que podamos crecer a través de nuestras decisiones y que usemos los poderes que ya son parte de nosotros, como las palabras, las decisiones, los pensamientos, las acciones y sobre todo, que nos esforcemos en desarrollar todas las buenas cualidades que tenemos en nuestro interior.

Cuando tú sientas que nadie te escucha, que todo anda mal, que ya fracasaste, puedes rogarle a Él y Él hará. Muchas personas toman los infortunios de la vida como un comprobante de que Dios no existe, cuando en realidad ésta es la manera del Eterno de decirnos: «Te amo tanto que no interfiero en tu mundo, deseo tanto tu superación que te he dejado que tomes tus propias decisiones y desarrolles tú mismo tus cualidades, porque todo mi poder está en ti y lo único que necesitas es reconocerlo. Pero recuerda que si necesitas ayuda aquí estoy; que cuando estés cansado, cuenta conmigo; y cuando algo te parezca imposible, «clama a mí y yo te responderé y te ensenaré cosas grandes y ocultas que tú no conoces».

¡Cuántas puertas se me han abierto de manera milagrosa al declarar una palabra de ciencia o de conocimiento sobre un líder! Éste, al verse escudriñado por algo que no es natural, se da cuenta que algo superior habita en mí, me abre el corazón, se convierte en mi amigo y me ayuda a entrar a lugares y tomar bendiciones que de otra manera no los hubiese logrado.

El poder de la luz

Notas bibliográficas

- Wikipedia. Enciclopedia libre, Wikipedia.org
- Génesis 1
- Marcos 9.23
- Proverbios 23.7
- Lucas 6.45
- Mateo 17.20
- Juan 20.21-22
- Juan 1.9-11
- Juan 6.63
- Hebreos 11.6
- Wikipedia, Enciclopedia libre, Wikipedia.org
- Dios, luz y campo punto cero, Kim Jong, junio 4, 2013
- Génesis 2.7
- Juan 6.63
- Mateo 15.19
- Hebreos 4.12
- Juan 13.17
- Juan 14.12
- Génesis 3.6
- Romanos 12.1-2
- Efesios 4.23
- Mateo 15.1, 15

- Mateo 15.16; 6.18; 6.22
- Mateo 8.14, 15;
- Gálatas 3.26; 4.6
- Romanos 8.17
- Romanos 3.16; 6.19; 6.17; 12.27
- Efesios 5.3; 5.17 5.18-19; 1.12; 3.26, 28
- Génesis 1.1
- 1 Corintios 1.2
- Filipenses 1.1
- Colosenses 1.2
- Efesios 2.10; 2.19; 3.1; 4.1; 4.24; 3.20
- Efesios 2.6; 3.3; 3.4; 3.12
- 1 Tesalonicenses 1.4
- 1 Tesalonicenses 5.5; 3.1; 3.14; 2.5; 2.9-10; 2.11; 5.8; 3.1-2; 5.18